Heinrich Schwarz

**Die menschliche Entscheidung unter besonderer
Berücksichtigung der Verbraucherentscheidung**

PSYCHOLOGIE

Heinrich Schwarz

Die menschliche Entscheidung unter besonderer Berücksichtigung der Verbraucherentscheidung

Deutscher Universitäts-Verlag

Bibliografische Information Der Deutschen Bibliothek
Die Deutsche Bibliothek verzeichnet diese Publikation in der Deutschen Nationalbibliografie;
detaillierte bibliografische Daten sind im Internet über <http://dnb.ddb.de> abrufbar.

ISBN-13 : 978-3-8244-4568-4 e-ISBN-13 : 978-3-322-81333-6
DOI : 10.1007 / 978-3-322-81333-6

1. Auflage Mai 2004

Alle Rechte vorbehalten
© Deutscher Universitäts-Verlag/GWV Fachverlage GmbH, Wiesbaden 2004

Lektorat: Ute Wrasmann

Der Deutsche Universitäts-Verlag ist ein Unternehmen von Springer Science+Business Media.
www.duv.de

Das Werk einschließlich aller seiner Teile ist urheberrechtlich geschützt.
Jede Verwertung außerhalb der engen Grenzen des Urheberrechtsgesetzes
ist ohne Zustimmung des Verlags unzulässig und strafbar. Das gilt insbesondere für Vervielfältigungen, Übersetzungen, Mikroverfilmungen und die
Einspeicherung und Verarbeitung in elektronischen Systemen.

Die Wiedergabe von Gebrauchsnamen, Handelsnamen, Warenbezeichnungen usw. in diesem
Werk berechtigt auch ohne besondere Kennzeichnung nicht zu der Annahme, dass solche
Namen im Sinne der Warenzeichen- und Markenschutz-Gesetzgebung als frei zu betrachten
wären und daher von jedermann benutzt werden dürften.

Umschlaggestaltung: Regine Zimmer, Dipl.-Designerin, Frankfurt/Main
Druck und Buchbinder: Rosch-Buch, Scheßlitz
Gedruckt auf säurefreiem und chlorfrei gebleichtem Papier

Vorwort

Zu neuen Forschungsergebnissen pflegen unsere anglo-amerikanischen Partner die direkte Frage zu stellen: „Wozu nützen diese?" Und während hierzulande noch heftig diskutiert wird, ob eine neue Erkenntnis sein dürfe, werden dort bereits die Nutzanwendungen aus derartiger Forschung erarbeitet.

Dabei ist längst klar, daß jede Grundlagenforschung ihre zwei Anwendungsseiten hat. So auch bei der Definition der menschlichen Entscheidung. Und es erscheint angebracht, bezüglich der ökonomischen Anwendung von jenen Aspekten zu sprechen, die schließlich allgemein von Nutzen sein werden, wie das in vorliegender Arbeit unternommen wird.

Mein Dank gilt Frau Ute Wrasmann für die redaktionelle Begleitung.

Heinrich W. Schwarz

Inhaltsverzeichnis

Abbildungsverzeichnis..IX
Abkürzungsverzeichnis...XI

1. Die marktorientierte Unternehmenssteuerung heute..........................1
   1.1 Das Problem liegt in der Psychologie......................................1
   1.2 Der Verbraucher entscheidet ganz anders als man denkt................2
   1.3 Überleitung zu den theoretischen Grundlagen...........................2

2. Das psychische raumzeitliche Kontinuum..3
   2.1 Einige unumgängliche Daten zu Reiz und Reaktion.......................3
   2.2 Die Vorstellungen unterliegen dem psychischen Geschehen..............4
      2.2.1 Die psychischen Dimensionen..5
      2.2.2 Die Entwicklung der inneren Räume..................................6
   2.3 Die innere Zeit..9
   2.4 Kinetische Energiebeträge werden zu spezialisierten Antrieben........10
   2.5 Die Massen der inneren Räume..11
   2.6 Psychische Erscheinungen von Affekten, Gefühlen und Stimmungen....13
   2.7 Die Gravitation der inneren Räume...14
      2.7.1 Das psychische Gravitationsfeld......................................16
      2.7.2 Der innere Vorzugsraum und die Modulation........................17
   2.8 Das Gewissen..18
   2.9 Die Erinnerungen...19

3. Die menschliche Entscheidung..21
   3.1 Der Charakter der Entscheidung...22
      3.1.1. Gerichtete Kraft zur Zielerreichung.................................22
   3.2 Das Wesen der Entscheidung...22
      3.2.1 Der Entscheidungsprozeß..23
      3.2.2 Der Entscheidungsprozeß bei Alternativen..........................23
      3.2.3 Die ausgewogene Entscheidung.......................................24
      3.2.4 Die spontane Entscheidung..24
      3.2.5 Die Entscheidung nach Grundsätzen und Gewissen................25
      3.2.6 Der Konflikt..26
      3.2.7 Der freie Wille bei der Entscheidung................................26
   3.3. Überleitung zum Entscheidungsprozeß der Verbraucher................29

4. Die Verbraucherentscheidung...31
   4.1 Das Ziel: Auf Dauer zufriedene Kunden....................................31
      4.1.1 Die bisherigen Schwierigkeiten.......................................31
      4.1.2 Welcher Weg zu beschreiten ist.......................................32

4.1.2.1 Der Verbraucher Richard A..........32
4.1.2.2 Welche Einflüsse auf Richard A. wirken..........33
4.1.2.3 Beobachtungen zur psychologischen Gruppe..........33
    4.1.2.3.1 Wie die psychologische Gruppe entsteht..........36
    4.1.2.3.2 Der lose Zusammenschluß..........36
    4.1.2.3.3 Das Gesetz der G-Einwirkung..........38
    4.1.2.3.4 Die psychologische Zufallsgruppe..........42
        4.1.2.3.4.1 Das Gesetz der Verstärkung..........42
    4.1.2.3.5 Die psychologische Gruppe auf Zeit..........43
    4.1.2.3.6 Die soziologische Gruppe..........44
    4.1.2.3.7 Kulturelle Einflüsse..........45
    4.1.2.3.8 Das Gewissen in der Gruppe auf Zeit..........46
4.2 Wie die Verbraucherentscheidung fällt..........49
    4.2.1 Der Entscheidungsprozeß des Verbrauchers..........49
    4.2.1.1 Der selektive Entscheidungsvorgang..........49
    4.2.1.1.1 Informations- und Kaufsituation..........50
    4.2.1.1.2 Vorläufige Kaufentscheidsituation..........50
    4.2.1.2 Die Filterung..........51
    4.2.1.2.1 Endgültige Kaufentscheidsituation..........51

5. Vorteile für die Unternehmensteuerung..........55
    5.1 Ermittlung der Käufer..........55
    5.1.1 System PAV ermittelt Marktobergrenzen..........55
    5.1.1.1 Die Filterung verändert das Produktimage..........56
    5.1.1.2 Käufer trotz schlechtem werblichen Produktimage..........56
    5.1.1.3 Marktobergrenzen..........57
    5.1.1.4 Werbewirkungs- und Werbeerfolgkontrolle..........60
    5.1.1.5 Marktobergrenzen und Produktlebenskurven..........61
    5.1.1.6 Die Preisgestaltung..........65
    5.2 Unternehmensteuerung orientiert an der Verbraucherentscheidung..........68
    5.2.1 Zeitvorteile..........82
    5.3 Volkswirtschaftliche Überlegungen..........83
    5.3.1 Einzelwirtschaftliche Aspekte..........83
    5.3.2 Einige makroökonomischen Aspekte..........87

6. Zusammenfassung..........91

Literaturverzeichnis..........93

Abbildungsverzeichnis

Bild 1:	Situationsbedingte Veränderungen von inneren Räumen	8
Bild 2:	Situationsbedingte Veränderungen von inneren Räumen	8
Bild 3:	Die psychischen G-Felder	16
Bild 4:	Absatzverlauf eines Flop für Produkte gehobener Preisklasse	62
Bild 5:	Absatzverlauf eines Flop für Hochpreisprodukte	63
Bild 6:	Absatzverlauf eines erfolgreichen Markenartikels	64
Bild 7:	Zusammenbruch eines Käufermarktes	65
Bild 8:	mögliche Preis- Absatzfunktion	66
Bild 9:	Theoretische Grundlage I für Vernetzung	73
Bild 10:	Theoretische Grundlage II für Vernetzung	73
Bild 11:	Antriebsdichte	75
Bild 12:	Entscheidungsprozeß in der Befragung	77
Bild 13:	Unmittelbare Käufersegmentierung	79
Bild 14:	Vernetzung der Unternehmenssteuerung	81
Bild 15:	Zeitvorteile für Steuerungsablauf	82
Bild 16:	Kumulierende zeitliche Wirkungen	82

Abkürzungsverzeichnis

i.R. .... innerer Raum
a.R. .... äusserer Raum

i.Z. .... innere Zeit
a.Z. .... äussere Zeit

VzR .... innerer Vorzugsraum

G-Feld .... Gravitationsfeld

MOG .... Marktobergrenze

PAV .... Prozess-Analyse-Verbraucherentscheidung

1. Die marktorientierte Unternehmensteuerung heute

Im Konsumbereich war es bisher trotz riesiger Aufwendungen nicht möglich, im voraus die Anzahl der konkreten Käufer für neue bzw. verbesserte Produkte festzustellen. Wegen der vielen Mißerfolge liegen die Meinungen über das Marketing in den oberen Führungsetagen oft weit auseinander. Die Unsicherheit darüber, wieviel von einem Produkt schließlich verkauft werden kann, äussert sich in Fragen wie: Ist es die Werbung, die verkauft? Ist es das Produkt, das am rechten Ort richtig plaziert sein muß? Oder hängt der Erfolg von Faktoren ab, die man noch nicht so recht im Griff hat? Andere wiederum zweifeln überhaupt an den bisherigen Einwirkungsmöglichkeiten auf den Verbraucher.

Demgegenüber steht eine verhältnismäßig kleine Gruppe in Forschung, Lehre und Unternehmen, die versucht, alle an der Wertschöpfung Beteiligten zu echten Marketern zu machen. Aber auch dieser Gruppe fehlt bisher der Ansatz, die Konkretkäufer für neue und verbesserte Produkte rechtzeitig im voraus festzustellen, um so die Produkte unmittelbar in die Gewinnzone zu bringen.

1.1 Das Problem liegt in der Psychologie

Die oben erwähnte Unsicherheit ist es, die marketingorientierte Forschung, Lehre und Unternehmenssteuerung zu einer vielstufig integrierten Vorgehensweise zwingt, die sich von dem Vorhaben einer Innovation bis hin zur Realisierung des Produktgewinnes erstreckt.[1] Und das bei zunehmendem Zeitdruck, um auf dem Markt die Führung zu behalten.[2]

Warum das Marketing derzeit so komplizierte Wege gehen muß, hat seinen letzten Grund in den gegebenen psychologischen Lehrmeinungen, die das Kaufverhalten der Konsumenten nur vage – wenn überhaupt – einzuschätzen erlauben.

Um die Kaufentscheidung des Konsumenten zu erfassen, sind vier Voraussetzungen erforderlich: es muß ein entsprechender theoretischer Ansatz in der Psychologie vorliegen. Dieser muß erlauben, die menschliche Entscheidung all-

---
[1] vgl. Meyer (2001)
[2] vgl. Specht (1999)

gemein zu definieren. Ferner muß in spezieller Anwendung die Entscheidung des Verbrauchers dargestellt und der praktische Zugriff darauf ermöglicht werden. Wenn diese Voraussetzungen, wie im Folgenden darzustellen ist, im Ansatz gegeben sind, können die Ergebnisse an Hand praktischer Fallbeispiele daraufhin überlegt werden, wie sie sich künftig auf das Marketing und die Unternehmenssteuerung auswirken.

1.2 Der Verbraucher entscheidet ganz anders als man denkt

Wie darzustellen ist, denkt und entscheidet der Verbraucher ganz anders als das bisher von ihm angenommen wird. Wir können uns von der Annahme verabschieden, es gebe in der Psyche so etwas wie Zuständigkeitsbereiche für Denken und Entscheiden, für Unbewußtes usw. Das wird beispielsweise die Untersuchungen der Werbewirkung von Aufmerksamkeit und Erinnerung in ganz anderen Zusammenhängen erscheinen lassen. Fragwürdig wird auch das modische Herumstochern im vermeintlich Unbewußten des Verbrauchers. Die konkrete Prüfung von Werbewirkungsmodellen, angefangen von der guten, alten AIDA-Regel bis hin zu Modellen des Käuferverhaltens hat sich bisher verständlicherweise als ein nicht zu bewältigender Dauerbrenner erwiesen.

Weiß man rechtzeitig wie der Verbraucher entscheidet, ist die Basis gegeben, um die Unternehmenssteuerung direkt an der Verbraucherentscheidung zu orientieren. Konkret würde das bedeuten, erfolgreiche Produkte unmittelbar am Markt zu plazieren oder den frühzeitigen Innovationsstop, um Flops zu vermeiden. Aus der Sicht des Verbrauchers werden von vornherein zufriedenstellende Produkte angeboten, die ihn zu einem Kunden auf Dauer werden lassen. Volkswirtschaftlich wären dadurch konjunkturelle Überhitzungen und Tiefs zu reduzieren.

1.3 Überleitung zu den theoretischen Grundlagen

Um zu derartigen Ergebnissen zu kommen, ist als erstes der unter 1.1 aufgezählten Erfordernisse der entsprechende theoretische Ansatz in der Psychologie zusammenfassend dargestellt.

2. Das psychische raumzeitliche Kontinuum [3]

2.1 Einige unumgängliche Daten zu Reiz und Reaktion

Wie entsteht eine Vorstellung biologisch gesehen? Reize, welche die speziellen Sinnesorgane (Rezeptoren) anzusprechen vermögen, lösen an den afferenten Bahnen der sensorischen Erregungsleitungen eigenständige chemische Zustandsänderungen aus. [4] Dabei bilden sich laufend zweiphasige Aktionsströme, die meßbar sind. [5] Die Aktionsströme durchlaufen die Randschichten der Nervenfasern bis zum Rückenmark und werden von dort zum Gehirn weitergeleitet. Das Gehirn unterteilt sich in komplizierte 'Ebenen', die sich von unten nach oben auf das Rückenmark gliedern in:

- verlängertes Mark (Medulla oblongata)
- Hinterhirn (Kleinhirn, Brücke)
- Mittelhirn (Mesencephalon)
- Zwischenhirn (Diencephalon) und
- Endhirn (Telencephalon)

Die speziellen Gehirnzentren bestehen zusammengefaßt aus Milliarden von Nervenzellen, die über die Reizleitungen angesprochen und gespeichert werden. Die Beantwortungen (Reaktionen) auf die Reize gehen von den Gehirnzentren über die motorischen Leitungsbahnen durch das Rückenmark an die Endorgane (Effektoren). Da die afferenten mit den efferenten Nervenbahnen im Rückenmark in gesetzmäßiger Weise verbunden sind, können Reaktionen bereits in den betreffenden Segmenten des Rückenmarks direkt ausgelöst werden, ohne das Gehirn zu belasten. [6] (-Lernprozess) [7]

---

3 vgl. Schwarz (2000)
4 vgl. Buddenbrock (1953), Bd. 2, S.39 ff.
5 vgl. Buddenbrock (1953), Bd. 2, S.39 ff.
6 vgl. Buddenbrock (1953), Bd. 2, S.342 ff.
7 vgl. Skinner (1938)

Rückenmarksnerven, die 12 Hirnnervenpaare und vegetatives (autonomes) System bilden zusammen das periphere Nervensystem, das mit dem Zentralnervensystem (Rückenmark und Gehirn) das gesamte Nervensystem darstellt. Im vegetativen System treten sympathische und parasympathische Nerven dauernd als Gegenspieler auf und steigern als solche die Tätigkeit des Körpers nach außen (Steigerung der Muskelkraft und der Erregbarkeit des Gehirns) bzw. hemmen die äußere Tätigkeit zugunsten jener der innneren Organe (bessere Durchblutung, sie aktivieren z.b. die Verdauungstätigkeit). Das vegetative System ist dabei direkt beeinflußt von den endokrinen Drüsen (Hormone), deren Wechselspiel die wesentlichen physiologischen Regelungen des Organismus bewirken. [8]

Vorstellungen werden, biologisch gesehen, also letztlich aus kinetischen Energiebeträgen gebildet, die als zweiphasige Aktionsströme die Neuronen in den Gehirnzentren ansprechen und, wie heute angenommen, einmal dort gespeichert, stets gleiche Neuronen-Zusammenschlüsse bedingen.

Die Geschwindigkeiten der Aktionsströme treten auf von 1m/sec bis 120 m/sec., was eine Höchstgeschwindigkeit von 430 km/h bedeutet. Die Stärke beträgt etwa 120 µV. [9]

2.2 Die Vorstellungen unterliegen dem psychischen Geschehen

Gedankenexperiment I: Denken wir einen normal veranlagten Menschen in ein absolutes Nichts ausgesetzt, seine Lebensfähigkeit sei gegeben. Keines der normal angelegten Sinnesorgane sei bisher angesprochen worden. Zu den Gehirnzentren gelangen keine Impulse. Nicht eines der Milliarden Neuronen des Gehirns kann gespeichert werden. Das Gehirn bliebe völliges Brachland, gleich, ob der Mensch 10 oder 60 Jahre am Leben gedacht bleibt.

Psychologisch muß das bedeuten: es kann keine Vorstellung gebildet werden. Antriebe, ob in ihrer Spezialisierung oder als freie Energiebeträge sind nicht möglich. Keine Erinnerungen können gebildet werden. Die Annahme von Vor-Erinnerungen oder einem archaischen Wissen entbehre jeder Bestätigung. Der

---
8 vgl. Selye (1956)
9 vgl. Buddenbrock (1953), Bd.2, S.26 - 33

Mensch würde ganz einfach nichts wissen, seine Psyche wäre von vornherein 'tot'. Das bliebe durch alle Jahre, die er lebend gedacht bleibt, gleich.

Setzen wir das Gedankenexperiment fort und denken dem Menschen einen einzigen Umweltfaktor gegeben, sagen wir eine Holzkugel. Die Kugel wäre von ihm weder physikalisch noch psychisch 'messbar'. Sie existierte als Vorstellung ohne Bezug zu mindestens einer zweiten Vorstellung. Das bedeutet, es gibt keine Instanz der psychischen Bewertung, ebenso wie es keine psychische Bewertung gibt, die als inhaltlicher Bestandteil einer Vorstellung an sich gelten kann.

Denken wir dem Menschen neben der Holzkugel einen Eisenwürfel zugeteilt. In dem Augenblick geschieht etwas Grundsätzliches. Sowohl physikalisch als auch psychisch haben wir damit dem Menschen das einfachste Bezugsystem gegeben.

Einmal kann der Mensch die physikalischen Körpereigenschaften erkennen: der Eisenwürfel mag als kleiner, kälter, härter und schwerer empfunden werden gegenüber der Holzkugel, die er als größer, wärmer, weicher und leichter erfährt. Ferner treten in dem Augenblick beide Vorstellungen in gegenseitigen Bezug. Ja, der Mensch wird in diese einfachste Relation von Vorstellungen hineingezwungen durch die bloße Tatsache, daß zwei Vorstellungen gegeben sind.

So mag der Mensch die Vorstellung 'Eisenwürfel' als starrer, unangenehmer und schwächer erleben, gegenüber der Vorstellung 'Holzkugel', die er als gefügiger, angenehmer und stärker erlebt. Das bedeutet, eine Vorstellung unterliegt der psychischen Bewertung erst aus dem Bezug zu mindestens einer zweiten Vorstellung. Sind mindestens zwei Vorstellungen gegeben, müssen deren psychische Bewertungen als inhaltliche Bestandteile aus dem gegenseitigen Bezug heraus gelten.

Grundsätzlich ergibt sich: Vorstellungen sind total abhängig von den sinnlich wahrnehmbaren Erscheinungen der physikalisch-chemischen Energieformen.

2.2.1 Die psychischen Dimensionen

Müssen die Bewertungen als inhaltliche Bestandteile der Vorstellungen aus deren Bezug gelten, so muß ein möglichst knapper Schnitt durch die Reihe der bewertenden Wörter (Adjektive) gefunden werden, um die Dimensionen der Vorstellungen zu erhalten. Dieser Schnitt ist gegeben. C.E. Osgood und Z. Luria [10] brachten in dem Semantischen Differential die ganze Reihe der polaren Eigenschaftswörter auf die drei Ebenen:

aktiv – passiv
positiv – negativ
stark – schwach.

Damit sind die gesamten Eigenschaftswörter unserer Sprache auf diese drei großen polaren Gruppen zurückgeführt. Ein seltsamer Zufall. Diese drei Polaritäten müssen als inhaltliche Bestandteile der Vorstellungen angesehen werden und sind damit die drei psychischen Dimensionen der Vorstellungen.

Ferner bedingen die drei psychischen Dimensionen ein psychisches Volumen der Vorstellungen. Die Einheit von Vorstellungen und psychischen Volumen ist als innerer Raum (i.R.) bezeichnet.

Aus der totalen Abhängigkeit der i.R. von den sinnlich wahrnehmbaren Erscheinungen der physikalisch-chemischen Energieformen sind letztere als äußere Räume (a.R.) bezeichnet. Die i.R. sind als psychische Gegenräume zu den a.R. ebenso zu denken wie für ideelle Begriffe.

Stehen mindestens zwei innere Räume in Bezug, so ergibt sich als der Schauplatz ihres Bezuges der psychische Raum (= Werteraum), entsprechend den Dimensionen: aktiv – passiv; positiv – negativ; stark – schwach.

Der psychische Raum ist ebenso wie der physikalische Raum in den Dimensionen Länge, Breite, Höhe, nicht absolut. Ohne den Bezug von inneren Räumen kann ein psychischer Raum nicht existieren.

2.2.2 Die Entwicklung der inneren Räume

Der Lernprozeß [11] des Kindes von ½ bis 2 ½ Jahren soll an dieser Stelle nicht belasten. Die inneren Räume bilden sich nicht wie in Gedankenexperiment I

---

10 vgl. Osgood und Luria (1954), S. 579 - 591
11 vgl. Schwarz (2000), S. 21 - 37

angenommen spontan, das läge nicht in der Natur der menschlichen Sinnesorgane. Als Ergebnis der Untersuchungen darüber kann genannt werden: etwa mit 2 ½ Jahren ist dem Menschen ein erster Gesamtbezug von inneren Räumen gegeben, welcher die geläufigen Umweltfaktoren umfaßt. Dabei kommt es zu regelrechten Clusterbildungen von Einzelvorstellungen, die sich zu übergeordneten Begriffen zusammenschliessen. Beispielsweise kommt es zu dem Cluster i.R. 'Wohnung' mit den vielen darin vorkommenden Einzelvorstellungen.

Ist dieser Gesamtbezug gegeben, gelten für das Bezugsystem voll die Gesetze der Aktionen. Die Aktionen zerfallen in äußere Aktionen, das sind körperliche Aktionen, die direkt ihren Niederschlag im kortikalen Niveau finden und innere Aktionen, dies sind gedachte Aktionen, die aus den Erfahrungen der körperlichen Aktionen möglich sind. Sie nehmen körperliche Aktionen vorweg oder lassen sie nicht zur Ausführung kommen. In zunehmenden Maße spielen sie sich in Zeiten ab, in denen die körperlichen Aktionen das kortikale Niveau nicht mehr belasten. Die körperlichen Aktionen sind dann Erfahrungsaktionen.

Zu definieren bleibt in diesem Zusammenhang die Situation, sie ist die kürzeste zusammenhängende Herausforderung der menschlichen Psyche aus einer inneren oder äußeren Aktion bzw. der Aktion eines Umweltfaktors.

Zu den Veränderungen der inneren Räume in Dimensionen, Lage (Bewegungen) im psychischen Raum sollen die 3. und 4. Situation des Falles cII der theoretischen Abhandlung gezeigt werden.[12]

Situation 3: der Vater hat eine Zurechtweisung für das Kind, weil es den Ball beschädigt hat, siehe Bild 1.

Situation 4: das Kind trotzt dem Vater, der droht, es in den Laufstall zu sperren, siehe Bild 2. Zu beachten ist, dass der i.R. 'Ich' als Eigenwert des Kindes zu verstehen ist.

---

12 vgl. Schwarz (2000), S.35

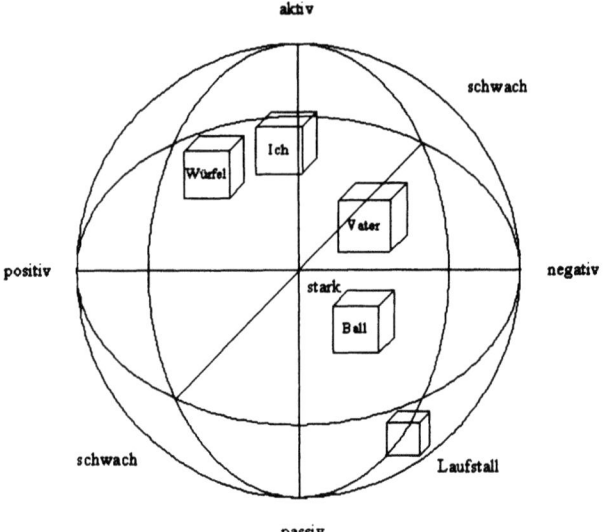

Bild 1: situationsbedingte Veränderungen von inneren Räumen im Werteraum

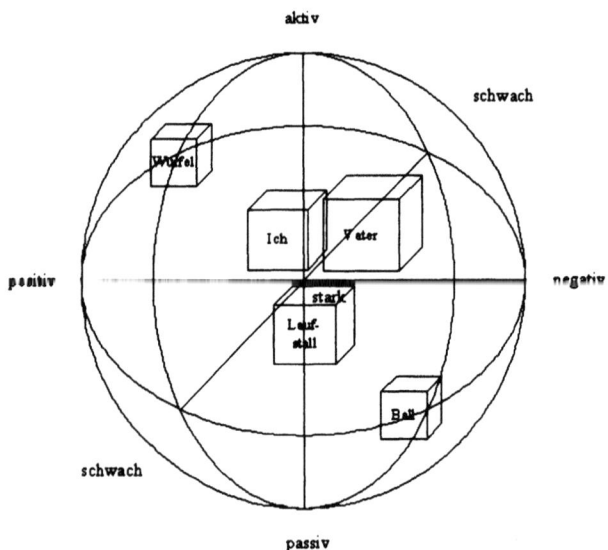

Bild 2: situationsbedingte Veränderungen von inneren Räumen im Werteraum

2.3 Die innere Zeit

An den Bildern 1 und 2 werden die Veränderungen der 5 inneren Räume durch die Aktionen gezeigt. Die Veränderungen bedingen Bewegungen der 5 inneren Räume in dem psychischen Werteraum. Die Erscheinung, die aus den Bewegungen der inneren Räume erwächst ist die psychische Zeit. Wie durch die Bewegungsabläufe von physikalischen Körpern gegeneinander ein äußerer Ereignisablauf (Zeit) entsteht, so haben wir es bei den Bewegungsabläufen der inneren Räume mit einem inneren Ereignisablauf (Zeit) zu tun. Psychische Ereignisse nennen wir Erlebnisse. Das bedeutet, die Erlebniszeit (= die psychische oder innere Zeit (= i.Z.)) stellt durch die psychischen Dimensionen bedingt einen völlig anderen Zeitcharakter dar (= Wertezeit) als die physikalische Zeit, die im Folgenden als äußere Zeit (= a.z.) bezeichnet ist.

Die psychische Zeit steht somit dem Ereignisablauf der physikalischen Zeit gegenüber und ist eine subjektive Zeit, die jedem Menschen aus seinen besonderen i.R.-Bewegungsabläufen erwächst. Einzig die Gleichheit der Sinneswahrnehmungen und damit die inhaltliche Gleichartigkeit der inneren Räume läßt uns annehmen, daß zwar die Eigenart der Erlebnisabläufe für alle Menschen gleich ist, nicht aber die inneren Zeitwerte.

Die inneren Räume verändern von Situation zu Situation Dimensionen und Lage im psychischen Raum. Eine psychische Uhr würde nur von Augenblick zu Augenblick stimmen. Schnittpunkte von äußerer und innerer Zeit sind einzig die Aktionen. Durch sie ist die innere Zeit in den Zeitablauf der physikalischen Körper direkt verflochten. Ebenso wie in Punkt 2 eine totale Abhängigkeit von inneren Räumen zu den äußeren Räumen festgestellt wurde, besteht durch die Aktionen eine totale Abhängigkeit von innerer Zeit zur äußeren Zeit. In ihrer Eigenart als Wertezeit kann die innere Zeit aber nicht durch die physikalische Zeit gemessen werden. Der direkte Beweis für die totale Abhängigkeit beider Zeitarten muß sich aus der Raumfahrt ergeben. In dem Augenblick, da sich mit nahezu Lichtgeschwindigkeit eines Raumschiffes die physikalische Zeit und damit die physiologischen Zustände (Herzuhr) der Raumfahrer proportional verschieben, müssen sich die Aktionen der Raumpiloten verändern. Die Aktionen müssen auch in diesem Fall beide Zeitarten 'vermitteln' und bleiben Schnittpunkte einer wirklichen Verschiebung der äußeren und inneren Zeit. Der Mensch steht durch sein bloßes Vorhandensein in der 'Mitte'.

Die Bewegungsabläufe der inneren Räume im psychischen Raum müssen als sehr kompliziert angenommen werden. Da die Darstellung der Schemabilder dreidimensional ist, muß die Heftigkeit der Erlebnisse in der inneren Raumdehnung selbst abgelesen werden.

Grundsätzlich ist festzustellen, es bestehen zwischen den inneren Räumen Beziehungen. Die i.R. scheinen sosehr miteinander 'verflochten', daß die Bewegungen eines i.r. die inneren Räume zu Bewegungen veranlaßt, die mit der einzelnen Situation zu tun haben. Das scheint soweit zu gehen, daß Bewegungen, die sich mit der jeweiligen Lage des i.r. 'Ich' nicht vereinbaren, ernsthafte Störungen auslösen.

2.4 Kinetische Energiebeträge werden zu spezialisierten Antrieben

In den Punkten 2.1 bis 2.2 wurde die Entwicklung der inneren Räume mit den nötigsten Daten über die Kopplung von Reiz/Reaktion und dem psychischen Geschehen dargestellt. Wir wissen, die physiologische Anlage des Menschen kann der psychischen Anlage voll entsprechen und umgekehrt.

Gedankenexperiment II: denken wir einen nun 20 jährigen Menschen vor Einsetzen der Rezeptoren- und Effektorenfunktionen in ein unendlich großes Vakuum ausgesetzt. Seine Lebensfähigkeit sei gegeben. Vor Einsetzen der Rezeptoren- und Effektorenfunktionen sei in dessen Magen eine selbstregulierende Patrone eingepflanzt, die in entsprechenden Zeitabständen die nötige Nahrung in hochkonzentrierter Form abgibt. Die chemisch/technische Möglichkeit sei erfüllt. Ebenso selbstregulierend seien dem Magen künstlich die nötigen Mengen an Flüssigkeit abgegeben. Der Mensch soll dadurch keinen Speise- und Trinkbedarf kennen. Die inneren Räume von Nahrungsmittel und Flüssigkeiten sind nicht gegeben. Denken wir den Menschen auf diese Weise 20 Jahre ernährt und mit Flüssigkeit versorgt und denken die Nahrungspatrone und Flüssigkeitszufuhr nach dieser Zeit schlagartig erschöpft. Der Physiologe als neutraler Beobachter würde die elektrischen Erregungen des vegetativen Nervensystems, an den Nerv-Muskel-Endplatten des Magens ausgelöst, sofort als Hunger- und

Durstantrieb erkennen. Er könnte das aus der Kenntnis von Nahrungsmittel und Flüssigkeiten und der Antriebe dazu als Hunger und Durst. Diese Kenntnis fehlt dem Menschen, er konnte bisher keine inneren Räume von Nahrungsmittel und Flüssigkeit bilden. Der Mensch müßte an unsäglichen 'Schmerzen unbekannter Art'zugrunde gehen. Von Hunger- und Durstantrieb kann psychologisch nicht gesprochen werden, weil die inneren Räume nicht gegeben sind. Der Mensch könnte keinen Antrieb nach Nahrung oder Getränk haben.

Das bedeutet, ein spezialisierter Antrieb ist völlig abhängig von dem erfahrenen inneren Raum, dem er zugehört. Es handelt sich bei allen speziellen Antrieben primär um unspezialisierte kinetische Energiebeträge, die nur durch die Zugehörigkeit zu den inneren Räumen als spezialisierte Antriebe bezeichnet werden müssen. Eine Antriebsliste erübrigt sich und wir sprechen besser von kinetischen Energiebeträgen, die sich in den inneren Räumen jeweils als Antriebe ausspezialisieren.

Die Darstellung der inneren Räume in ihren Veränderungen in Dimensionen, Lage und Bewegungsabläufen mußte bisher eine 'Draufsicht'sein, die das inhaltliche Geschehen der inneren Räume unberücksichtigt ließ. Das inhaltliche Geschehen ist mit dem Auftreten von freien kinetischen Energiebeträgen als spezialisierte Antriebe angesprochen. Der kinetische Energiebetrag ist als spezialisierte Antriebstärke inhaltlicher Bestandteil des inneren Raumes.

Die spezialisierte Antriebstärke richtet sich nach der möglichen Bewertung des inneren Raumes. Dimensionen, Lagen und Bewegungsabläufe im psychischen Raum werden damit direkt beeinflußt von der Stärke der kinetischen Energiebeträge als spezialisierte Antriebstärke.

2.5 Die Massen der inneren Räume

Einstein [13] erarbeitete die folgenden Gesetze für physikalische Körper. Untersuchungen ergaben deren prinzipielle Gültigkeit für die inneren Räume.

Auf den Zustand des einmal erlebten raschesten Bewegungsablaufes von inneren Räumen beziehen sich ein Leben lang die i.R. Bewegungen in den verschiedenen Situationen. Kann die bisher höchste erlebte Bewegung von nach

---

13 vgl. Einstein (1956), S.16-35

rascheren überboten werden? Wir sind gezwungen, eine nicht überschreitbare Grenze der i.r. Bewegungen anzunehmen, die nicht erreicht werden kann, die aber als oberste Grenze angesehen werden muß.

Eine Masseerscheinung der inneren Räume kann nur angenommen werden, wenn die Zunahme der Masse eines i.r. immer der Zunahme von kinetischer Energie im Verhältnis zur i.r. Bewegungsgeschwindigkeit, bezogen auf die Höchstgeschwindigkeit der i.r. Bewegungen entspricht. Wenn umgekehrt die Abnahme der Masse immer der Abnahme von kinetischer Energie im Verhältnis zur i.r. Bewegungsgeschwindigkeit, bezogen auf die Höchstgeschwindigkeit der i.r. Bewegungen entspricht. Ausgedrückt in der Formel:

$$m = \frac{m_0}{\sqrt{1-d^2/b^2}}$$

wobei: m = Masse des i.R.; m_0 = Ruhemasse; d = Geschwindigkeit der i.R. Bewegung; und b = Höchstgeschwindigkeit der i.r. Bewegung im psychischen Raum.

Das ist tatsächlich der Fall. Die Masseerscheinung beweist sich direkt in der Haftung an inneren Räumen, der wir zwangsläufig unterliegen. Beispielsweise werden wir eine Vorstellung (sprich: inneren Raum) nicht los und das desto weniger, je größer die Bewegungen, je stärker die Energiebeträge als spezialisierte Antriebstärken sind. Wir 'kleben'daran, wir 'verbohren'uns in den inneren Raum und erkennen die Haftung erst recht, sollte der innere Raum aufgegeben werden. Beispiele: die berufliche Aufgabe, an der wir heftig beteiligt sind, soll aufgestockt werden; ein geliebter Mensch soll entbehrt werden. Das scheint in Widerspruch zu den Veränderungen der i.r. von Situation zu Situation zu stehen. Die Lösung für beide Erscheinungen kann aus der psychischen Gravitation in Punkt 2.7 gegeben werden.

Entsprechend der physikalischen Definition ist auch die Masse eines inneren Raumes dessen Bewegungswiderstand, der als Haftung an dem inneren Raum in Erscheinung tritt. Entsprechend den Wertedimensionen handelt es sich um eine psychische Masse = Wertemasse. Es ist die Fixierung kinetischer Energie in der 'Hülle' der i.R.-Wertedimensionen.

Ferner, wenn die Masse eines i.r. mit seiner Geschwindigkeit zunimmt und die Beschleunigung nichts anderes darstellt als Vermehrung kinetischer Energie, so kann die Massezunahme auf Zunahme von Energie zurückgeführt werden. Zunahme der Masse eines i.r. ist Vermehrung kinetischer Energie als spezialisierter Antrieb. Ausgedrückt in der Formel:

$$m = \frac{E}{b^2}$$

wobei: m = psychische Masse des i.R.; E = kinetischer Energiebetrag als spezialisierte Antriebstärke; b = Höchstgeschwindigkeit der i.R. Bewegungen.

Daraus folgt, die kinetische Energie sucht sich zuerst in den i.r. niederzuschlagen, welche die größten Veränderungen in Dimensionen, Lage = stärkste Bewegungen ermöglichen. Solche i.R. weisen die größten Masseerscheinungen auf und sind durch stärkste Haftung gekennzeichnet.

Entgegen der bisherigen Annahme müssen wir von Antrieben sprechen, die sich in der Stärke der Energiebeträge unterscheiden. Auch weniger starke oder schwache Energiebeträge spezialisieren sich in den inneren Räumen als entsprechende Antriebstärken aus.

Als bedeutend ergibt sich, daß es einen 'Sitz' oder eine Instanz (Unterbewußtsein) für spezialisierte Antriebe im menschlichen Gehirn nicht gibt. Das Stammhirn erfüllt lediglich die Funktion eines Energiezentrums und der Energieverteilung. Das schränkt die Bedeutung des Stammhirns nicht ein, da ohne Energie das psychische Geschehen unmöglich wäre. Ebenso muß die Annahme von Schichten für die Antriebe entfallen.

2.6 Psychische Erscheinungen von Affekten, Gefühlen und Stimmungen

Mit den psychischen Massen der i.R. lösen sich zugleich die psychischen Erscheinungen von Affekten, Gefühlen und Stimmungen. Die Schwierigkeit der Aussage darüber ist, die einzelne Erscheinung von Affekten, Gefühlen oder Stimmung kann nicht während der inneren oder äußeren Aktion selbst beurteilt werden. Das liegt im Wesen der i.R.-Massenveränderungen und der damit zusammenhängenden Wandlungen dieser psychischen Erscheinungen. Es ergaben sich aus den Untersuchungen darüber: Affekte, Gefühle und Stimmungen sind psychische Erscheinungen, die immer an bestimmte innere Räume gebunden sind. Ferner stehen Affekte, Gefühle und Stimmungen als psychische Erscheinungen in Relation zu Dimensionen, Lage (Bewegung) und spezialisierter Antriebstärke der inneren Räume. Oder: Affekte, Gefühle und Stimmungen stehen in direkter Relation zu den Massen der inneren Räume.

Es verblieb zu untersuchen, ob diese Erscheinungen sekundär aus den i.R. Massen entstehen oder ob es sich dabei um primäre Erscheinungen handelt, die einer eigenen Instanz angehören und sich jeweils proportional zur Masse der inneren Räume 'dazuschalten'. Da es sich bei diesen psychischen Erscheinungen nicht um irgendwelche Energieform handelt, sondern um bewertende Erscheinungen, müssen diese wesensgebunden an die inneren Räume sein. Sämtliche Bewertungen sind ja in den drei psychischen Dimensionen enthalten. Das bedeutet, Affekte, Gefühle und Stimmungen sind psychische Erscheinungen, die sekundär aus den Massen der inneren Räume erwachsen.

Die Annahme des Unbewußten als 'Sitz'oder Instanz der Affekte, Gefühle und Stimmungen entfällt, ebenso die Annahme von Schichten dafür.

2.7 Die Gravitation der inneren Räume

Einstein [14] bewies die Äquivalenz von Trägheit und Gravitation an physikalischen Körpern. Es gibt keine Möglichkeit, zwischen der durch eine gleichförmige Kraft hervorgerufenen gleichförmigen Bewegung (= träge Masse) und der durch Gravitation verursachten (= schwere Masse) zu unterscheiden. Jede Trägheitswirkung, hervorgerufen durch den Wechsel der Geschwindigkeit oder der Bewegungsrichtung, kann als Wechsel oder Veränderung im Gravitationsfeld aufgefaßt werden. Einstein folgerte: Gravitation ist keine 'Kraft', die Anschauung, daß materielle Körper einander anziehen ist falsch. Bei dem Verhalten der Objekte im Gravitationsfeld handelt es sich lediglich um eine Reihe von Bewegungsvorgängen. Die Gravitation ist ein Spezialfall der Trägheit. Oder wir können sagen, das Gravitationsfeld ist der jede

---

14 vgl. Einstein (1956), S.36-70

Masse umgebende Spannungszustand des Raumes, der auf jeden Bewegungsvorgang einer anderen Masse einen ganz bestimmten Einfluß ausübt, den wir Gravitation nennen.

Es war nur ein Schritt, um die Trägheit der psychischen 'Körper'als die Haftung an den inneren Räumen zu erkennen. Festgestellt war bereits, die Haftung am i.R. ist eine äquivalente Erscheinung zu dessen Masse. Die Frage war: ist also die Haftungswirkung aus einer i.R. Bewegung ebenfalls äquivalent der Gravitation eines inneren Raumes? Kann unter den inneren Räumen die Erscheinung einer psychischen Gravitation festgestellt werden?

Einstein ging es darum, an Hand von gedachten Sonderbewegungen oder Sonderlagen des angenommenen Fahrstuhls die Äquivalenz von Trägheit und Gravitation klarzustellen. Da die inneren Räume von 'Augenblick zu Augenblick' Bewegungen und Lagen verändern, mußten dem psychischen Bezugssystem einer Situation die Bewegungs- und Lageveränderungen weggedacht werden. Die Psyche wurde auf einen solchen Schnitt hin 'eingeeist' gedacht, um ein konstantes Bezugsystem von inneren Räumen zu erhalten.

Es ergab sich: Fände an den inneren Räumen keine Bewegungsveränderung mehr statt, so bliebe die Haftung an den einzelnen i.R. stets gleich, ebenso wie deren Massen gleich blieben; ferner befände sich jeder innere Raum in steten Zusammenhang mit den übrigen inneren Räumen des Bezugsystems und könnte stets nur in Zusammenhang mit den übrigen inneren Räumen gedacht werden. Das bedeutet, die inneren Räume müssen der Gravitation unterliegen.

Entsprechend den Wertedimensionen handelt es sich um die psychische Gravitation. Die Haftungswirkung eines inneren Raumes ist der psychischen Gravitation äquivalent. Den direkten Beweis sollten u.a. die Erinnerungen liefern (vgl.Punkt 2.9).

Die Bewegungsabläufe der inneren Räume sind nicht mehr als willkürlich anzunehmen, sondern sie bestimmen sich durch die den i.R. innewohnende Haftung.

2.7.1 Das psychische Gravitationsfeld

Als bedeutend aus der psychischen Gravitation ergaben sich die dadurch entstehenden psychischen Gravitationsfelder (G-Felder). Für ihr Entstehen ergab sich: der innere Raum, der an einer Situation beteiligt die größte Masse aufweist, bildet mit den übrigen an der Situation beteiligten inneren Räumen ein psychisches Gravitationsfeld; entstehen solche G-Felder, bedingen diese die Aufspaltung des psychischen Raumes in seine Raumsektoren. G-Felder in Raumsektoren, die sich konträr gegenüberstehen, müssen sich gegenseitig abstossen. Dazu Bild 3, die Situation 3 des Falles cII ist wieder meiner theoretischen Abhandlung entnommen: [15] der Vater hat eine Zurechtweisung für das Kind, weil es den Ball beschädigt hat.

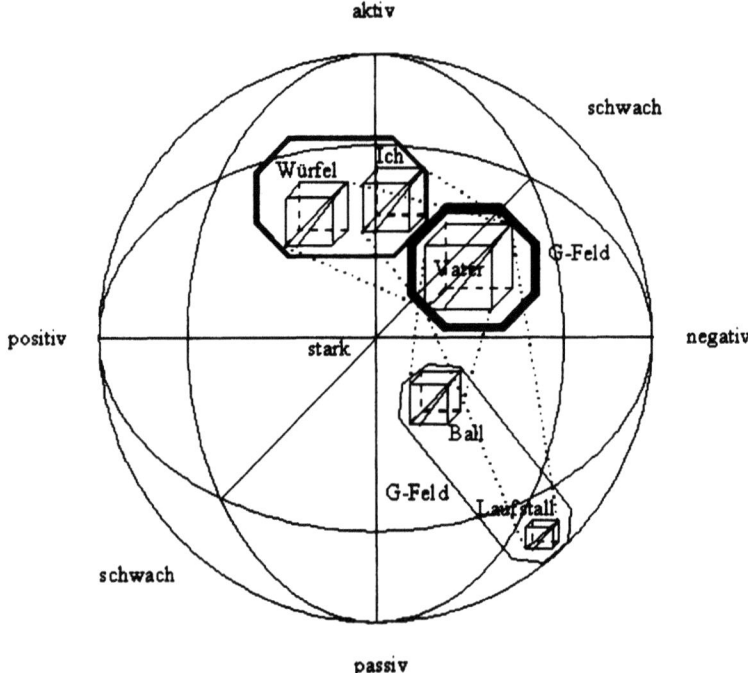

Bild 3: Die psychischen G-Felder bedingen die Aufspaltung des psychischen Raumes in die acht Raumsektoren. Situation 3, Fall cII, schematisch und dreidimensional.

---

15 vgl. Schwarz (2000), S.75 ff

2.7.2 Der innere Vorzugsraum und die Modulation

In Punkt 2.5 ergab sich der scheinbare Widerspruch von i.R. Masseveränderungen von Situation zu Situation und der Erscheinung eines konstanten Festhaltens (Haftung) an bestimmten inneren Räumen. Die Gravitation bringt die Lösung dafür. Es ergab sich:

1. Alle vorhandenen inneren Räume müssen zu jedem Zeitpunkt in gegenseitiger Gravitation stehen;
2. Wenn alle inneren Räume zu jedem Zeitpunkt ihre bestimmten Bewegungsvorgänge durch die Gravitation erfahren und die gesamte verfügbare Energie über das Stammhirn auf die inneren Räume 'verteilt' wird, so müssen jeweils sämtliche i.r. Massen und verfügbare Energie äquivalent sein. Es besteht eine psychische Massen – Energie – Äquivalenz und damit eine physiologisch-psychische Regelung;
3. In den meisten Situationen ist keiner der inneren Räume genügend massegroß, um sämtliche vorhandenen inneren Räume in seine Gravitation einzubeziehen. Das bedeutet, die nicht in das G-Feld einer Situation einbezogenen inneren Räume müssen zu einem inneren Raum in Gravitation stehen, dessen Masse größer ist als der massegrößte i.r. der Situation. Ein derartiger Raum ist als innerer Vorzugsraum (VzR) bezeichnet;
4. Damit müssen sich das G-Feld eines VzR und das G-Feld des massegrößten i.r. einer Situation gegenseitig beeinflussen. Daraus folgt, das G-Feld i.R. 'Situation' wird in das des VzR einbezogen oder stört dieses;
5. Erhält ein i.r. einer Situation eine größere Masse als der VzR, wird das G-Feld VzR vorübergehend aufgelöst. Sämtliche i.R. stehen für diese Situation im Einfluß des massegroßen i.R. Kann der i.R. seine große Masse nur für die Situation erhalten, wird das G-Feld VzR wieder aufgebaut. Ein derartiger Gravitationseinfluß ist als Modulation bezeichnet und stellt einen Spezialfall der sogenannten Bewußtseinsenge dar;
6. Erhält der i.R. einer solchen Situation seine Masse, wird er zum neuen VzR. Der bisherige VzR wird zum i.R. im G-Feld des neuen VzR oder stört dieses in einem anderen Raumsektor.

Allgemein ist für die spätere Anwendung von Bedeutung, die psychischen G-Felder sind mathematisch durch Tensoren zweiten Ranges, vereinfacht durch Vektoren, formuliert.

Durch diese G-Feldgesetze verstehen wir, wie beispielsweise ein Mensch aus unglücklicher Liebe von Situation zu Situation jagt, um den VzR 'Geliebter Mensch' los zu werden. Und wie ihn der VzR 'Geliebter Mensch' wie ein Alptraum selbst aus starken Ablenkungen heraus überkommt. Er kann alles ertragen, nur nicht innere oder äußere Ruhe. Dann senkt es sich wieder bleischwer und unverrückbar auf ihn und alle inneren Räume beziehen sich wieder auf den geliebten Menschen.

Wir verstehen die Auflösung eines G-Feldes VzR beim plötzlichen Tod des geliebten Ehepartners oder des unerwarteten Bruches mit ihm. Der Zurückgebliebene steht vor der Alternative, ein neues G-Feld VzR aufzubauen oder zu ertragen, wie ihm eine 'Welt'zusammenbricht (mit dem Leben fertig sein; 'dahinleben' von Situation zu Situation).

Wie eine große Enttäuschung des Kindes seitens eines Elternteils die gesamte Psyche des Kindes moduliert und welche Schäden entstehen, kann von solch einer Modulation der VzR 'Elternteil' nicht mehr das G-Feld aufbauen.

Und wie sich der junge Mensch normal in der Pubertät gegen die Auflösung des G-Feldes 'Elternteil' bäumt. Wie er schließlich im G-Feld VzR 'Freund' oder 'Erste Liebe' sein psychisches Gleichgewicht wiederfindet und der Bruch der Freundschaft, der Verlust der ersten Liebe nahezu als unüberbrückbar empfunden werden.

2.8 Das Gewissen

Aus der Aufspaltung des psychischen Raumes in die Raumsektoren und den dadurch entstehenden Gravitationseinflüssen ergab sich: Das Gewissen ist die psychische Erscheinung aus der Hebung oder Störung der psychischen Gravitation. Aus diesen Zusammenhängen ist mit der Ansatz gegeben für eine neue Gruppenpsychologie (vgl. Punkt 4.1.2.3 ff). Totem, Tabu und Inzestschranke können besser aus der psychischen Gravitation erklärt werden. Die Annahme einer psychischen Instanz für das Gewissen kann dadurch entfallen.

2.9 Die Erinnerungen

Wieder war es nötig, einem Menschen nur zwei Situationen seines Erlebens und damit zwei Bezugsysteme von inneren Räumen zu denken. Es stellte sich heraus: was wir als Erinnerung bezeichnen, ist nichts anderes, als daß innere Räume und VzR die gleichen Bewegungsvorgänge durchlaufen, die sie bei einer früheren Situation durchliefen. Entsprechend den Gesetzen der Gravitation, den G-Feldgesetzen und der Masse-Energie-Äquivalenz genügt es, wenn nur einer der inneren Räume die Masse (Haftungswirkung) einnimmt, die er während einer früheren Situation eingenommen hat. Schlagartig müssen sich die Bewegungsvorgänge der übrigen inneren Räume so bestimmen, wie sie in der früheren Situation bestanden. Der Rückbau solcher G-Felder muß dabei stets von den gleichen psychischen Erscheinungen begleitet sein, die sich während der erinnerten Situation tatsächlich ergaben. Es treten die gleichen Affekte, Gefühle und Stimmungen auf, begleitet von gleichem Gewissen usw. Die Erfahrung bestätigt das insbesondere für Vollerinnerungen.

Vergessen und Verdrängen einer Situation können besser erklärt werden. Ebenso die Früh-Erinnerungen, in denen wir für Sekunden 'das Kind' sind, das wir zu der erinnerten Situation waren. Für Sekunden vermeinen wir dabei, tatsächlich in der Erlebnis- oder Wertezeitperiode des damaligen Bezugsystems zu leben. Sekunden, in denen alles vergessen ist, was unsere augenblicklichen Seligkeiten und Nöte ausmacht zugunsten der damaligen.

Neben der Masse-Energie-Äquivalenz und dem Gewissen müssen aus psychologischer Sicht besonders die Erinnerungen als Beweis für die psychische Gravitation angesehen werden.

Es erklären sich ferner die äußeren Raum-Zeit-Verschiebungen in Traumsituationen, die trotzdem als geschlossene innere Raum-Zeit-Perioden erlebt werden.

Aus den Gesetzen folgt, das Unterbewußtsein, wie alle übrigen Annahmen von Instanzen oder Schichten für Antriebe, Affekte, Gefühle und Stimmungen, für Erinnerungen und Gewissen können entbehrt werden. Es verbleiben die physiologisch unbewußten Funktionen, die durch die Regelungen gesteuert werden. Das komplexe psychische Geschehen konnte auf eine 'Instanz' zurückgeführt werden: das psychische raumzeitliche Kontinuum. Das menschliche Bewußtsein konnte damit eine solide Erklärung erfahren und wir können sagen, es umfaßt mit den gewonnenen Gesetzen die gesamten psychischen Vorgänge.

3. Die menschliche Entscheidung

Entsprechend der Darstellung in Punkt 2 vollziehen sich die menschlichen Entscheidungen innerhalb der psychischen G-Felder von Vorstellungen. Dabei kann es sich niemals um rein objektbezogene Vorgänge handeln. Die gegebenen Vorstellungen (i.R.) in den G-Feldern wirken zwingend und ohne vom Entscheider immer voll bedacht zu werden auf das Entscheidungsverhalten ein. Es handelt sich dabei nicht etwa darum, ein bisher angenommener Intellekt würde von einem blinden Willen getrieben, wie dies von Schopenhauer formuliert wurde. [16] Oder die meisten der wirksamen Antriebe des Denkens kommen aus dem Unbewußten und seien emotionaler Natur, wie das die tiefenpsychologischen Schulrichtungen sehen.

Das Gesetz der G-Einwirkung besagt zunächst ganz allgemein: [17] Das psychische G-Feld VzR will Störungen vermeiden. Der Mensch ist von seiner innersten Natur darauf angelegt, insbesondere gegenüber seinen Mitmenschen Harmonie zu suchen und in harmonischer Kommunikation zu leben. Nach dieser Harmonie besteht eine tiefe, heute oft uneingestandene Sehnsucht im Menschen. Ohne sie gedeihen Säuglinge nicht und Erwachsene erkranken an Gemüt und Leib.

Aus welchem Grund auch immer besteht nun bekanntlich zwischen Menschen, vielfach von deren frühester Kindheit an, ein gestörtes Verhältnis. In Reminiszenz an die vergeblich gesuchte Harmonie bewegt sich der Einzelne in den von ihm bevorzugten Gruppen in Anpassung der Verhaltensweisen, um Störungen zu vermeiden.

Aus dem Gesetz der G-Einwirkung folgt allgemein und in Verbindung mit den G-Feldgesetzen;

<u>Leitsatz 1:</u> *Innerhalb des G-Feldes VzR läuft eine zwingende und meist unbemerkte Selektion bezüglich des Verhaltens gegenüber Mitmenschen, mit dem Ziel, Störungen zu vermeiden.*

---

16 vgl. Störig (1952), S. 437-446
17 vgl. Schwarz (2000), S. 109-113

3.1 Der Charakter der Entscheidung

Bezüglich der Art und Weise der Entscheidung müssen wieder die psychischen G-Felder betrachtet werden.
Die G-Felder in der Ereignisabfolge sind als Tensoren zweiten Ranges, vereinfacht als Vektoren, formuliert (vgl. Punkt 2.7.2). Daraus folgt, die menschliche Entscheidung hat Vektorcharakter. Dabei handelt es sich, wie dargestellt, nicht um ein Axiom, wie solche bisher gerne in den Entscheidungstheorien verwendet werden. [18] Vielmehr sind die komplexen Zusammenhänge in den G-Feldern hinreichend aufgezeigt, um die Entscheidung und ihren Vektorcharakter im Einzelnen klar zu definieren.

3.1.1. Gerichtete Kraft zur Zielerreichung

Aus der psychischen Masse, welche der innere Raum eines Umweltfaktors schließlich erreicht, ergibt sich im G-Feld VzR die Antriebsdichte zu dem Umweltfaktor in Richtung Zielerreichung. Die psychische Masse des inneren Raumes wiederum resultiert aus den Vorstellungsbezügen in dem G-Feld VzR (vgl. Punkt 2.7 ff). Der Massebeitrag des inneren Raumes im G-Feld VzR ist somit in Richtung Zielerreichung unmittelbar als Vektor definiert. Daraus folgt;

<u>Leitsatz 2:</u> *Die psychische Masse des inneren Raumes eines Umweltfaktors mit der aus ihr entstehenden Antriebsdichte im G-Feld VzR wirken als vektorielle Kraft in Richtung Zielerreichung.*

3.2 Das Wesen der Entscheidung

Wie in Punkt 2.7 ff angesprochen, unterliegen innere Räume, einmal in das G-Feld VzR einbezogen, einer laufenden Selektion. Dadurch bestimmen sich letztlich die psychischen Massen, die sie im G-Feld VzR erfahren. Die inneren Räume werden dabei im G-Feld VzR auf ihre 'Akzeptanz' bezüglich wesentlicher gegebener innerer Räume von Umweltfaktoren abgeprüft.

---

18 vgl. Nitzsch Rüdiger (1996)

3.2.1 Der Entscheidungsprozeß

Bei der menschlichen Entscheidung handelt es sich dem Wesen nach um eine meist unbemerkte Selektion während eines Entscheidungsprozesses. Durch die Selektion bewirkt der Entscheidungsprozeß u.a. eine laufende Änderung der Positionierung eines angestrebten inneren Raumes in dem G-Feld VzR. Dadurch verändert sich laufend die psychische Masse des inneren Raumes.

3.2.2. Der Entscheidungsprozeß bei Alternativen

In Verbindung mit Punkt 3.1.1 resultiert daraus für alternative Umweltfaktoren: Erfährt ein alternativer innerer Raum durch den Entscheidungsprozeß die größere psychische Masse im G-Feld VzR, entsteht dadurch die größere Antriebsdichte gegenüber dem Umweltfaktor. Das bedeutet;

<u>Leitsatz 3</u>: *Bei alternativen Umweltfaktoren erhält durch den Entscheidungsprozeß derjenige innere Raum die größere psychische Masse im G-Feld VzR, der die größere Akzeptanz gegenüber den gegebenen wesentlichen inneren Räumen im G-Feld VzR erreicht.*

Ist die größere Antriebsdichte für einen alternativen Umweltfaktor gegeben, resultiert aus ihr unmittelbar die Aktion in Richtung Zielerreichung. Die Entscheidung ist also zeitlich gesehen kein punktueller Abschluß eines vorhergehenden Selektionsvorganges sondern sie 'reift' sozusagen während des gesamten Entscheidungsprozesses. Zeitlich gesehen muß von Entscheidungsphasen gesprochen werden. Der Verlauf muß nicht zusammenhängend sein und kann von andersgearteten Situationen unterbrochen werden. Ist die wesentliche Abgleichung im G-Feld VzR beendet und für einen alternativen Umweltfaktor die größere Antriebsdichte gegeben, löst dies unmittelbar die Aktivität in Richtung Zielerreichung aus. Das bedeutet;

Leitsatz 4: *Die Entscheidung fällt zeitlich gesehen nicht punktuell sondern während der Entscheidungsphasen des Selektionsprozesses und zwangsläufig für den alternativen Umweltfaktor, dessen innerer Raum im G-Feld VzR die größere psychische Masse erfährt. Durch sie baut sich im G-Feld VzR die größere Antriebsdichte gegenüber dem Umweltfaktor im Sinne erwünschter Zielerreichung auf und löst unmittelbar die Aktivitäten daraufhin aus.*

3.2.3 Die ausgewogene Entscheidung

Eine entsprechend dem Leitsatz 4 zustande gekommene Entscheidung kann als subjektiv ausgewogen bezeichnet werden. Die Akzeptanz des Umweltfaktors im G-Feld VzR war während des Entscheidungsprozesses abgeglichen worden. Eine so zustande gekommene Entscheidung befriedigt 'auf Dauer', das heißt, solange nicht durch wesentliche Vorgänge das G-Feld VzR des Entscheiders durch ein neues abgelöst wird (vgl. Punkt 2.7.2).

3.2.4 Die spontane Entscheidung

Umweltfaktoren bewirken zuweilen Situationen von massegroßen inneren Räumen und damit die Modulation des G-Feldes VzR (vgl. Punkt 2.7.2). In solchen Situationen besteht die Gefahr, daß durch die grosse Antriebsdichte aus der Modulation heraus die Aktion gegenüber dem Umweltfaktor ausgelöst wird, bevor sich das G-Feld VzR zurückbaut. Der später 'automatisch' einsetzende Abgleich unter den übrigen inneren Räumen im wiederaufgebauten G-Feld VzR läßt dann in vielen Fällen die Entscheidung als falsch erscheinen. Da aber Fehlentscheidungen wegen des Erhalts des i.R. 'Ich' nicht gerne zugegeben werden, kommt es dann zu Rationalisierungen der Entscheidung. Damit soll häufig das eigene Fehlverhalten überdeckt werden. Der Entscheidung wird dann nachträglich ein 'vernünftiger' Grund gegeben und Entscheidungen bezüglich überzogener Ansprüche werden verständlich gemacht usw.

Sicher ist die Rationalisierung eine Verlogenheit, die mit jener jahrhunderte alten einher geht, uns zu lehren, wie intellektuell wir Menschen doch sind. Die Begründungen von Entscheidern sollten besser unkommentiert zur Kenntnis genommen werden. Sind wir doch eben dabei, die wirklichen Beweggründe der Entscheidung zu erkennen.

Hingegen ist es in seltenen Fällen durchaus möglich, daß der wesentliche Abgleich eines Entscheiders bezüglich einem Umweltfaktor im G-Feld VzR so rasch abläuft, daß die spontane Entscheidung auf Anhieb richtig ist. Allgemein jedoch bestätigt sich bei Entscheidungen von Tragweite die alte Regel, besser eine Nacht darüber zu schlafen.

3.2.5 Die Entscheidung nach Grundsätzen und Gewissen

Wie dargestellt, besagt das Gesetz der G-Einwirkung allgemein, die menschliche Psyche ist darauf angelegt, Störungen zu vermeiden. Aus den komplexen Erscheinungen in den G-Feldern und deren Verflechtung mit den Umweltfaktoren bedeutet das auch, der Mensch will Störungen mit dem Umfeld vermeiden, weil derartige Störungen zugleich das Auftreten von schlechtem Gewissen (vgl. Punkt 2.8) bedingen.

Das Gesetz der G-Einwirkung ergibt so für die Glieder eines Kulturbereiches das Verhalten nach einem scheinbar übergeordneten Gewissen, solange übergeordnete weltanschauliche Wertvorstellungen und Grundsätze in dem Kulturbereich gegeben sind. Mit deren Zerfall und der Auflösung in beliebige weltanschauliche Gruppen - wie wir das derzeit immer stärker beobachten - zerfällt auch das vermeintlich 'übergeordnete' Gewissen und wird von so genannten gruppenspezifischen Gewissen abgelöst (vgl. Punkt 4.1.2.3 ff).

Das Gewissen in den Gruppen, die sich von übergeordneten Weltanschauungen getrennt haben, gehorcht dann den Grundsätzen und Anschauungen der einzelnen Gruppen. Das bedeutet:

<u>Leitsatz 5:</u> *Die Entscheidung beinhaltet zugleich die Abgleichung auf mögliche Störungen aus alternativen Umweltfaktoren mit dem subjektiven Gewissen.*

3.2.6 Der Konflikt

Wenn Entschlüsse fallen sollen, gibt es auch Konflikte. Eine Möglichkeit ist, alternative Umweltfaktoren werden gleichermaßen begehrt und erreichen zunächst im G-Feld VzR etwa gleich große psychische i.r. Massen aus der Situation heraus. Nach Abgleich im G-Feld VzR ergibt sich in der Regel die Konfliktlösung für einen der Umweltfaktoren von selbst. Verbleiben nach Abgleich die psychischen i.r. Massen etwa gleich groß, wird die Entscheidung gerne 'aufgeschoben' bzw. es gilt: 'Kopf oder Zahl'.

Es ergibt sich auch der Fall, daß der Konflikt aus etwa gleich starken Modulationen bezüglich alternativer Umweltfaktoren entsteht. Hier erbringt meist der spätere Abgleich in dem G-Feld VzR den klaren Entschluß für einen der Umweltfaktoren.

Eine besondere Art von Konflikt ist der Gewissenskonflikt. Einem stark begehrten Umweltfaktor steht die zu erwartende Ächtung der Aktion aus einem übergeordneten bzw. Gruppenkodex entgegen (vgl. Punkt 4.1.2.3 ff).

3.2.7 Der freie Wille bei der Entscheidung

Bieri [19] beschränkt seine Betrachtungen zum freien Willen auf die einfachen, geläufigen Handlungen. Der Mensch hat demnach die Freiheit der Entscheidung, geläufige Tätigkeiten, wie das Drücken einer bestimmten PC-Taste, den Griff zur Kaffeetasse, frei zu entscheiden. Tätigkeiten, die in der Psychologie als solche beschrieben werden, welche aus dem Lernprozeß heraus das kortikale Niveau zunehmend nicht mehr belasten (vgl. Punkt 2.2.2).

Erhebt sich die Frage, was geschieht beispielsweise mit dem freien Willen in der Chefsekretärin Karin A., beginnt sie mit eben der gleichen PC-Taste einen bitterbösen Brief an ihren obersten Vorgesetzten zu schreiben? Wenn sie vor Aufregung darüber, aus dem Schreiben könnte für sie letztlich ihre Entlassung resultieren, den Griff zur Kaffeetasse verfehlt und diese verschüttet und schließlich den angefangenen Text entnervt löscht, um erst mal in Pause zu gehen? Besteht der freie Wille darin, daß Karin A. die gleiche PC-Taste nach der Pause

---
19 vgl. Bieri Peter (2001)

nicht mehr drückt, um ihrem Chef die Meinung zu sagen? Wie hinreichend dargestellt, hängt die gerichtete Kraft für die Zielerreichung von den Abläufen in den psychischen G-Feldern ab. Karin A. handelte anfänglich offenbar spontan in einer Modulation (vgl. Punkt 2.7.2). Während der Pause begann sich ihr Vorhaben, den Brief zu schreiben, in ihrem G-Feld VzR abzugleichen. Karin A. schrieb daraufhin den Brief nie wieder.

Die zufriedenstellende zielgerichtete Kraft, etwas zu tun, folgt aus den vorgelagerten Abläufen in dem G-Feld VzR. Wie dargestellt, ergibt sich eine derartige Ausrichtung auf die Zielerreichung unmittelbar aus der schließlich erreichten Antriebsdichte innerhalb eines G-Feldes VzR. Je nach Tragweite der Entscheidung liegen zwischen diesen Abläufen in den G-Feldern und dem konkreten Handlungsbeginn - bzw. der Unterlassung der Handlung - experimentell feststellbare Zeiten. Innerhalb dieser oft sehr kurzen äußeren Zeiten (vgl. Punkt 2.3) selektiert das G-Feld VzR meist 'automatisch', welche erfahrungsgemäßen Wirkungen die Handlung erbringt und ob diese 'erlaubt' oder 'gesperrt' ist. Letzteres wiederum hängt insbesondere bei Entscheidungen von Tragweite von übergeordneten Grundsätzen im Kulturbereich ab und wenn diese subjektiv nicht wesentlich erscheinen, von den Grundsätzen der Gruppen, in welchen sich das Individuum bevorzugt bewegt (vgl. Punkt 4.1.2.3 ff).

Dazu eine experimentelle Bestätigung, wie sie unter anderem Vorzeichen in den 1980er Jahren lief. Der Neurobiologe Franz Mechsner schildert in seinem Beitrag in GEO [20], wie der Neurophysiologe Benjamin Libet in diesen Jahren dem angenommenen freien Willen experimentell auf die Spur kommen wollte. Libet griff dabei auf einen Befund des deutschen Neurologen Hans Kornhuber zurück. 'Der hatte in den 1960er Jahren entdeckt, dass menschlichen Bewegungen ein „Bereitschaftspotenzial" des Gehirns vorausgeht, ein elektrisches Potenzial, das sich mit Elektroden über dem prämotorischen Cortex von der Kopfhaut ableiten läßt und die Aktivität der beteiligten Nervenzellen widerspiegelt. Dies Potenzial beginnt sich eine bis eine halbe Sekunde vor dem Start der Bewegung zu zeigen und wird dann immer stärker. Libets Frage lautete: Wenn eine Bewegung ausdrücklich „gewollt" ist, wann genau im Lauf der neuronalen Vorbereitung kommt der bewußte Wille zu dieser Bewegung ins

---

20 vgl Mechsner (2003), S. 77f

Spiel? Der bewußte Wille, überlegte der Neurophysiologe, ist der einzig plausible Kandidat für einen möglicherweise 'unbedingt freien' Willen. Dieser müßte dann auch die Entstehung von Bereitschaftspotenzialen frei steuern können, sonst wäre er nichts als mentales Beiwerk, ein täuschendes 'Epiphänomen' von gesetzmäßig ablaufenden Gehirnprozessen.

Aus dieser Überlegung ergibt sich die Logik von Libets Experiment: Nur wenn der Wille dem Bereitschaftspotenzial vorausgeht, kann er Ursache für die Wahl und Anbahnung gerade dieser Bewegung sein.

Libet bat seine jeweilige Versuchsperson, ruhig und entspannt zu sitzen und zu einem freigewählten Zeitpunkt das Handgelenk zu beugen. Elektroden auf der Kopfhaut leiteten die Gehirnpotenziale ab. Zusätzlich - und dies ist der entscheidende experimentelle Trick - schauten die Probanden auf den Zeiger einer rasch laufenden Stoppuhr. Der Wissenschaftler fragte sie anschließend: „Welche Stellung hatte der Uhrzeiger, als Sie den Willen spürten, die Hand zu bewegen?"

Nach vielen Untersuchungen puzzelte Benjamin Libet die Ergebnisse zusammen: Seine Untersuchungspersonen spürten den Willen, das Handgelenk zu beugen, etwa eine Fünftelsekunde vor der tatsächlichen Bewegung. Der bewußte Wille ging also der Aktion voraus, wie es uns auch im Alltag der Fall zu sein scheint. Allerdings: Zu diesem Zeitpunkt war das Bereitschaftspotenzial bereits maximal aufgebaut. Der bewußte Wille konnte somit die Handlung weder gewählt noch eingeleitet haben; dies mußte durch etwas davor geschehen sein.

Kein Wunder, daß Libets Resultate einen Orkan in der Fachwelt auslösten: Wenn der bewußte Wille, etwas zu tun, erst auftaucht, nachdem das Gehirn die Handlung bereits angebahnt hat, ist er dann nicht ein unerhebliches, einflussloses 'Erlebnis-Sahnehäubchen' auf unbewußten, letztlich allein ausschlaggebenden Hirnprozessen? Ist der freie Wille hiermit als Illusion entlarvt? Jedenfalls, so Libet, beruht die Ansicht, dass wir über unseren bewussten Willen Aktivitäten in Gang bringen können, auf Selbsttäuschung, entsprechend dem griffigen Diktum „Wir tun nicht, was wir wollen, sondern wir wollen, was wir tun."'

Libets Vorschlag, daß der bewußte Wille die Funktion behalte, vorher initiirte Prozesse im Gehirn abzublocken oder zuzustimmen entspricht wiederum konventioneller Ansicht. Wie aufgezeigt, liegt die Kontrolle, ob eine Handlung 'genehmigt' oder 'nicht genehmigt' ist, innerhalb der G-Felder und funktioniert weit besser ohne 'freien Willen'.

Von freiem Willen zu sprechen ist ein Relikt jahrhundertealter westlicher Philosophie, auf das verzichtet werden kann. Wie aufgezeigt, hängt die vermeintliche freie Entscheidung von der Abgleichung innerhalb des G-Feldes VzR ab. Bei Entscheidungen von Tragweite hängt dies wiederumg von der 'Auflading' des G-Feldes VzR mit übergeordneten bzw. Gruppengrundsätzen ab.

Auch während der oft längeren Phasen abstrakten Denkvermögens [21] kann wegen der G-Feldgesetze nicht von freien Willensentscheidungen gesprochen werden. So sind beispielsweise die laufenden Sachentscheidungen von Ärzten, Rechtsanwälten, Steuerberatern usw. mitgetragen von gesetzlichen Vorschriften, beruflichen Grundsätzen und welche Einstellungen in den betreffenden beruflichen Gruppen des Kulturbereiches gelten und der subjektiven Meinungen dazu. Und das, obwohl bei der beruflichen Ausübung abstraktes Denkvermögen erforderlich ist, um entsprechend der physiologisch-psychischen Regelung (vgl. Punkt 2.7.2) weite Vorstellungskomplexe beruflich verfügbar zu halten.

3.3. Überleitung zum Entscheidungsprozeß der Verbraucher

Wenden wir uns nach den allgemeinen Aussagen zur menschlichen Entscheidung der Verbraucherentscheidung zu.

---

21 vgl. Schwarz (2000), S. 71ff

4. Die Verbraucherentscheidung

Stellen wir dazu den Verbraucher Richard A. vor: Richard A. ist Bankangestellter in der mittleren Führungsebene, 36 Jahre alt, seit 8 Jahren mit Eve, 33 Jahre, verheiratet. Die eheliche Tochter ist 7 Jahre alt und seit deren Schuleintritt arbeitet Eve halbtags in einem Modehaus, um das gemeinsam bewohnte Reihenhaus rascher abzubezahlen. Die gemeinsamen Hobbies von Richard A. und seiner Frau sind Film, Literatur, Reisen, Surfen, Ski und Popmusik.

Im Folgenden sei zunächst betrachtet, was aus der detaillierten Anwendung des Gesetzes der G-Einwirkung und den G-Feldgesetzen (vgl. Punkt 2.7 ff) für die zwischenmenschlichen Beziehungen des Richard A. resultiert.

4.1 Das Ziel: Auf Dauer zufriedene Kunden

Da Richard A. als ein Kunde gewonnen werden soll, der mit gekauften Produkten auf Dauer zufrieden ist, soll ferner untersucht werden, ob und inwieweit seine zwischenmenschlichen Beziehungen dabei eine Rolle spielen.

4.1.1 Die bisherigen Schwierigkeiten

Was geschieht bisher? Richard A. wird einer Zielgruppe zugeordnet. In Untersuchungen zu Produkt und Werbung nimmt man von ihm an, 'Er', der Verbraucher Richard A., wäre in der Lage, teil- und ganzheitliche Wirkungen zu Produkt und Werbung zu beurteilen bzw. darauf zu reagieren. Richard A., in solche Untersuchungen hineinversetzt, sagt natürlich aus. Wogmöglich erfährt man sehr Günstiges dazu und er erklärt sogar Kaufabsicht. Steht er aber im Geschäft dem befragten und beworbenen Produkt gegenüber, kauft er trotzdem das des Wettbewerbers. Wie kommt das?

4.1.2 Welcher Weg zu beschreiten ist

Das scheinbar irrationale Verhalten des Verbrauchers ist es, warum letztlich die Unternehmen des Konsumgüterbereiches bei Unsicherheit über Innovation und Investition entscheiden müssen.

Wie in den Punkten 2 und 3 dargestellt, kann das Verbraucherverhalten nicht aus dem Unterbewußtsein oder aus irgendwelchen psychischen Schichten gesteuert sein. Das ist bezüglich des künftigen Vorgehens gegenüber dem 'irrationalen' Verhalten sehr erleichternd. Die Gründe dieses Verbraucherverhaltens müssen dann nämlich in den gegebenen G-Feldern der Verbraucher liegen (vgl. Punkt 2.7 ff). Da sich darin das Umfeld als innere Räume spiegelt (vgl. Punkt 2.2.1), kann zunächst ganz allgemein gesagt werden, das Verbraucherverhalten ist aus dem Umfeld mitbedingt. Mit anderen Worten, der Verbraucher verhält sich bezüglich seiner Ziele umfeldorientiert.

Nun weiß man bisher einiges über soziale und Gruppeneinflüsse. Das Problem war aber, ob und wenn in welchem Maße diese bei dem Kaufverhalten eine Rolle spielen und wie sie dann zu gewichten wären. Auch das ist nach den Punkten 2 und 3 keine Schwierigkeit.

Um für das Verhalten des Verbrauchers sichere Aussagen zu bekommen, müssen im folgenden die Einflüsse des Umfeldes auf seine Ziele analysiert werden, um schließlich sein Kaufverhalten in den Griff zu bekommen.

4.1.2.1 Der Verbraucher Richard A.

Es war bisher nicht möglich, die Wirkungsfolge von der Werbe- bis zur Kaufsituation, wie sie von Richard A tatsächlich erlebt wird, zu erklären oder gar im voraus abzuprüfen.

Das hat seinen Grund ganz einfach darin, es waren sowohl die menschliche Entscheidung nach Charakter und Wesen, als auch der Ablauf des Entscheidungsprozesses in der Psychologie bisher nicht definiert worden (vgl. Punkte 2 und 3).

Selbst die Hirnforschung ruft nach Definition des neuronalen Zusammenhanges von Bewußtsein und dessen Zusammenspiel mit Entscheidung und bisher angenommenen freien Willen. So äußert sich Wolf Singer dazu: 'Was uns noch schwer fällt, ist, das neuronale Korrelat für Bewußtsein an sich zu identifizieren. Wir wissen noch nicht, wie die Repräsentation der Inhalte des Bewußtseins im Gehirn organisiert ist. Das muß irgend ein verteilter Zustand sein, der sich jedoch unseren analytischen Möglichkeiten entzieht. Ein singuläres Zentrum, in dem das Bewußtsein zu lokalisieren wäre, gibt es jedoch mit Sicherheit nicht.' [22]

4.1.2.2 Welche Einflüsse auf Richard A. wirken

Um eine befriedigende Methode zu gewinnen, das schließliche Kaufverhalten des Verbrauchers Richard A. im voraus zu bestimmen, müssen zu der allgemeinen Definition der menschlichen Entscheidung in Punkt 3 zusätzliche Ableitungen über dessen Verhaltensweisen innerhalb seiner Umwelt gefunden werden. Was seine Mitmenschen betrifft, neue Gruppen- und soziale Gesetze also, die sich unmittelbar aus dem feldtheoretischen Ansatz in Punkt 2 ergeben. Verbunden damit Gesetze betreffend seine sachlichen Umweltfaktoren. In Verbindung mit diesen Gesetzen werden sich die kaufentscheidenden Situationen erklären, wie sie Richard A. tatsächlich erlebt.

4.1.2.3 Beobachtungen zur psychologischen Gruppe

Richard A. erfuhr an sich und seinen Mitmenschen folgendes;
<u>1. Beobachtung:</u> Richard A. verkehrt mit seiner Frau vorzugsweise in zwei Bekanntenkreisen. An dem Zustandekommen des einen haben sie beide umsichtig mitgewirkt. Sie fühlen sich immer wohl, treffen sie sich in ihrem Heim oder bei einem der anderen Ehepaare, die dazu gehören. Als Richard A. mit seiner Frau einmal bei seinen Bekannten eingeladen war, sagte er plötzlich: 'Ich fühle mich bei euch wie zuhause'. Das Echo auf seine Aussage war in gleichem Sinn. Die übrigen drei Ehepaare dieses Kreises sind ungefähr in ihrem Alter und haben etwa die gleichen beruflichen Stellungen, Interessen und Nöte. Ganze Abende könnten sie sich über solche Gemeinsamkeiten unterhalten und jeder

---

22 vgl. Singer (2002), S. 44

weiß von den anderen, sie sitzen im 'gleichen Boot'. Richard A. bemerkte des öfteren, sprach man über finanziell Hochgestellte, die für sie ebenso unerreichbar sind, wie gewiße Anschaffungen dieser Unnahbaren, so bildete sich während des Gespräches wie von selbst ein noch stärkeres Zusammenrücken untereinander. Ohne Dazutun des Einzelnen bildete sich spontan eine Front gegen 'diese Geld-Haie' und wie sie es treiben. Eine Front, die aber zugleich das verteidigte und bestätigend unterstrich, was sie selbst darstellen und zu Eigen haben. Der Zustand dauerte meist an, bis es einem zu dumm wurde, darüber ein weiteres Wort zu verlieren. Und da sie alle lebensfrohe Menschen sind, fiel es stets leicht, über eine entsprechende Bemerkung oder einen Witz darüber rasch auf ein anderes Thema zu lenken. Die geradezu 'spürbare' Front war augenblicklich aufgelöst, man lachte wieder über dies und sprach über jenes. Richard A. wunderte sich jedesmal, wie schnell sich solche akuten Stellungnahmen auflösten und das Gespräch ohne Rückfälle flüssig weiterzugehen vermochte.

2. Beobachtung: Ganz anderes beobachtete Richard A. an sich und seiner Frau, waren sie manchmal in dem zweiten Bekanntenkreis geladen. Ein Prokurist der Bank hatte sie beide dort eingeführt, wie er betonte, um etwas für den Nachwuchs zu tun. Es bewegen sich dort einige Direktoren wirtschaftlicher Unternehmen, Akademiker und Freiberufler. Alles Menschen, die in Position, Verdienst und Ranking zum Teil einige Stufen über ihrer augenblicklichen Stellung in dieser Gesellschaft stehen. Hier wird nie über finanziell Hochgestellte abfällig gesprochen. Jeder fühlt sich als Creme auf seinem Platz. Und in Richard A. geht, sooft er dort geladen ist, etwas Seltsames vor. Ihm vermögen plötzlich und wieder ohne jegliches Dazutun, all die sonst in seinen Augen liebenswerten Menschen und Dinge nicht mehr das zu geben, was sie ihm normalerweise bedeuten. Seine Wohnung erscheint ihm mit einmal zu klein und mangelhaft ausgestattet. Den VW-Golf wollte er am liebsten mit einem schwereren Wagen vertauscht wissen und es erscheinen ihm manche Gegenstände, an denen er sonst sehr hängt, ungenügend und wenig befriedigend. Überhaupt kommt jedesmal eine eigenartige Unruhe und Unzufriedenheit über ihn. Es drängt ihn sogar, das Lieblingskleid seiner Frau zu kritisieren und – er lehnt den Gedanken ab – es steigt so etwas wie eine Unzufriedenheit auch mit den Bekannten in ihm auf, bei denen er sich sonst wie zuhause fühlt.

Aber auch an seiner Frau erlebt er eigenartige Reaktionen. Oft glaubt er für Momente, ihre Sorge über seine doch wesentlich geringere berufliche Position zu verspüren. Für Sekunden stehen sie sich dann unbeholfen und etwas betroffen gegenüber. So etwas wie: 'Sieh doch zu, daß Du es endlich auch schaffst', liegt unausgesprochen zwischen ihr und ihm. 'Verrückt das Ganze!', denkt er, wenn sie sich dort verabschieden und erst auf dem Nachhauseweg beginnen sich ihre Gemüter wieder zu 'normalisieren'.

Im Gegensatz zu der in der 1. Beobachtung geschilderten Spannung, hält diese viel länger an. Sie läßt sich auch nicht mit einem Witz so ohne weiteres auflösen. Zuhause angekommen, bedarf es eine Lieblings-CD aufzulegen, ein paar ehrliche Gedanken über das soeben Erlebte auszusprechen, um wieder mit dem glücklich zu sein, was sie beide sind und haben. Beide lehnen sie nun das eben Erlebte wie einen störenden Traum ab und lieben wieder 'ihre Welt'.

3. Beobachtung: Ähnliches weiß Richard A. aus der Zeit, da er seine Frau kennenlernte. Ihn beherrschte damals das Idol eines Draufgängers. Er betonte seine Männlichkeit und gefiel sich im harten Geben und Nehmen. Dann trat ihm seine Frau gegenüber, weich und dabei verbissen zielstrebig. Sie war so ganz anders als seine bisherigen Freundinnen – und er begann sich zusehens zu verändern. In Kleinigkeiten fing das an. Er verzichtete, was ihm bisher nie in den Sinn gekommen war, mit dem Wagen im Stadtverkehr alle zu überholen und immer in Pole Position an den Verkehrsampeln zu stehen. Er besann sich wie von selbst auf die Literatur, die er heute wieder hoch schätzt, obwohl er sie früher kannte, aber zugunsten harter Videos hatte fallen lassen. Er legte seine überzogenen Sporthobbies ab und nichts geht ihm mehr über ein gemeinsames gutes Filmerlebnis oder eine Reise mit ihr. So war er nach und nach ein anderer Mensch geworden, ohne das zu wollen oder das auch nur für besser zu halten. Alles kam wie von selbst und wenn er manchmal in seine ehemalige harte Denkart zurückfällt, kann er es sich nicht verkneifen, etwas unwillig über sich den Kopf zu schütteln.'Bin ich das', denkt er dann für sich, und, 'das hätte ich in den kühnsten Träumen nicht von mir erwartet'. Und wieder zurück von solchen Gedanken, ist er heute glücklich. Er verspürt all die Veränderungen an sich nicht als Ballast und weiß, es ist alles seit dem Zusammentreffen mit seiner Frau so ganz anders in ihm geworden.

4.1.2.3.1 Wie die psychologische Gruppe entsteht

So verschieden die drei Beobachtungen in Punkt 4.1.2.3 zunächst erscheinen, es müssen die ihnen gemeinsam zugrundeliegenden Gesetzmäßigkeiten gefunden werden. Der Leser kann, zusammen mit den in Punkt 2 erhaltenen Gesetzen, die psychischen Abläufe der an den drei Beobachtungen beteiligten Personen selbst erstellen.

Was hier interessiert, sind die Gesetze, wie sie für mehrere Menschen untereinander bestehen. Sie sollen an einem weiteren durchlaufenden Beispiel von Richard A. dargestellt werden, um die Erscheinungen der psychologischen Gruppe zu erhalten.

4.1.2.3.2 Der lose Zusammenschluß

Richard A. sitzt in einem Cafe und beschäftigt sich mit dem kleinen Geschenk, das er eben für seine Frau kaufte. An seinem Tisch sitzen zwei Herren, der eine blättert in seinem Notizbuch, der andere liest die Tageszeitung. Die Drei haben sich nie zuvor gesehen. Obwohl scheinbar keiner von den anderen besondere Notiz nimmt, muß festgestellt werden: Durch die bloße Anwesenheit der Drei in dem Cafe ist eine bestimmte Anzahl von gleichartigen inneren Räumen in jedem von ihnen angesprochen. Betrachtet man dazu die Ergebnisse für die psychischen Abläufe von Situation zu Situation in Punkt 2, so erweist sich die fundamentale Bedeutung der totalen Abhängigkeit innerer Räume von den sinnlich wahrnehmbaren Erscheinungen der physikalisch - chemischen Energieformen. Mit anderen Worten, die totale Abhängigkeit des Richard A. von zufällig anwesenden Menschen und sachlichen Umweltfaktoren.

Die Schwierigkeit dieser Erkenntnis liegt in dem Unvermögen, die einmal erfahrenen und damit selbstverständlich gewordenen inneren Räume wegzudenken. Zwar geht scheinbar der Trend des heute von Eindrücken überforderten Richard A. dahin, sich von den zuvielen Eindrücken abzuschirmen. Die Aussage des Richard A., 'endlich mal weg von all dem Kram, auf eine Insel und nichts als abschalten' zu wollen bestätigt das.

Erfüllen wir aber einmal gedanklich den Wunsch des Richard A. Für das grundlegende Verständnis des Folgenden ist es wichtig, sich mit diesen Gedanken auseinanderzusetzen.

Gedankenexperiment III: (vgl. Punkt 2.2 und 2.4) Richard A. sei auf seine gewünschte Insel versetzt, aber ohne Aussicht für ihn, wieder wegzukommen. Er sei dort ohne jeden Menschen und er findet das wundervoll – zwei, drei Tage, etwas länger vielleicht. Dann wird er zu suchen beginnen. Er sucht nach einem Menschen. Anfangs betreibt er das gleichsam als Sport, später einige Zeit eines jeden Tages und endlich unter Schreien. Nachdem er die Insel ohne Erfolg abgesucht hat, beginnt er, Tiere an sich zu gewöhnen. Sie müssen immer um ihn sein und er ist unglücklich, wird eines davon krank oder verendet. Richard A. sei nun schlagartig die ganze Fauna und Flora der Insel, mit der Ausnahme eines Tieres und reichlicher Eß- und Trinkversorgung, in eine Sandwüste verwandelt. Das Verhältnis des Richard A. zu dem Tier ist so etwas wie eine Freundschaft auf Gedeih und Verderb geworden. Der Tod des Tieres und damit sein totales Alleinsein muß für ihn zur Katastrophe werden.

Die Thematik von Menschen, die von ihrer Umwelt weitgehend isoliert sind, behandelt auch die Literatur ab den 1940er Jahren, u.a. in 'Geschlossene Gesellschaft' von J.P.Sartre [23] und S. Becketts 'Endspiel'. [24]

Das Gedankenexperiment III, wie auch bestimmte Versuche zum Überleben eines Atomkrieges, bestätigen ebenso, wie es die Literatur aufzeigt: Menschen können ihre Umwelt nur bis zu einer bestimmten Schwelle entbehren. Ein ausschließliches Leben in der Erinnerung (vgl. Punkt 2.9) gibt es nahezu nicht. Grenzfall ist z.B. die Neurose, in der ein Mensch auf sehr viele Umweltfaktoren verzichten kann, um in wenige markante Erinnerungen zu flüchten. Die Erfahrung bestätigt aber, daß der Neurotiker an einigen wenigen Umweltfaktoren und deren inneren Räumen desto intensiver hängt. Vgl. dazu T. Williams 'Die Glasmenagerie'. [25] An wenigen Umweltfaktoren bauen sich ihnen alle tragenden Erinnerungen auf. Das bedeutet;

---

23 vgl. Sartre (1947)
24 vgl. Beckett (1957)
25 vgl. Tennessee (1957)

<u>Leitsatz 6</u>: *Entsprechend den psychischen G-Feld-Gesetzen (vgl. Punkte 2.5 und 2.7 ff) in Zusammenhang mit der totalen Abhängigkeit der inneren Räume von den sinnlich wahrnehmbaren Erscheinungen physikalisch-chemischer Energieformen (Punkt 2.2), erleben mehrere Menschen, die sich zufällig begegnen, bestimmte gleichartige i.R.-Bewegungsabläufe in ihren psychischen Bezugsystemen. Voraussgesetzt, diese Menschen unterliegen keinen gelenkten Aktionen, ist dieser Zustand als loser Zusammenschluß bezeichnet.*

4.1.2.3.3 Das Gesetz der G-Einwirkung

In Zusammenhang mit dieser totalen Abhängigkeit von Mensch und Umwelt ist die psychische Erscheinung erklärbar, deren volle Tragweite die Sprache bisher nur schwer auszudrücken vermag. Es handelt sich um die Erscheinung, die von manchen Psychologen bisher mit bestimmten Strebungen,[26] bzw. als zwischenmenschlich Atmosphärisches, wie Kurt Lewin das bezeichnet[27] und das von Philosophen, wie Karl Jaspers, als Kommunikation benannt wird.[28]

Begriffe, die sich als zu eng und nicht ausreichend erweisen. Einmal fehlt ihnen die Voraussetzung des zwingenden und gesetzmäßigen Auftretens, zum anderen fehlen die sich ergebenden komplexen psychischen Folgeerscheinungen.

Wir haben es hier mit der Erscheinung zu tun, für die bisher der Begriff der psychischen G-Einwirkung allgemein verwendet wurde.

Auf die drei Herren im Cafe angewandt (vgl. Punkt 4.1.2.3.2), bedeutet das, obwohl scheinbar keiner Notiz von den anderen nimmt, sind von jedem der Drei aus gesehen durch die bloße Anwesenheit der anderen die inneren Räume gegeben, die das Erscheinungsbild eines jeden von ihnen bedingen. Beispielsweise könnte sich Richard A. ungeschickt verhalten. Er würde seinen Kaffee verschütten, den Löffel zu laut auflegen, über die Maßen husten, seinen Arm voll auf den Tisch legen. Diese als unzulänglich angesehenen Verhaltensweisen rufen in jedem der beiden Tischpartner - und nun darf die Sprache nicht irreführen - keine bloße 'Geringschätzung' hervor. Das wäre Bewertung im heute

---
26 vgl. Lersch (1962), S. 176 ff.
27 vgl. Schwarz (2000), S. 113
28 vgl. Jaspers (1953), S. 25 ff

verstandenen Sinn, die bereits als Dimensionen der inneren Räume erkannt wurde (vgl. Punkt 2.2.1). Wie in Punkt 2.2.2 ff dargestellt, würde das Veränderungen der i.r.-Bewegungsabläufe und damit störende Einwirkungen in den G-Feldern beider Tischpartner, aber auch in Richard A bewirken. Gesetzt den Fall, Richard A. verschüttet seinen Kaffee, so mögen für diese Situation die G-Felder der drei Herren etwa wie folgt bestimmt sein:

Richard A., starkes G-Feld im negativ-passiven Raumsektor durch massegroße i.r. 'Ich' und 'Kaffee', den er verschüttet hat. Die komplexen Erscheinungen gegenüber seinem G-Feld VzR sind, Antrieb zur Selbstbestrafung, Gewissensbisse und Schuldgefühl. Insgesamt starke Spannungen gegenüber den beiden Tischpartnern, deren Erscheinungsbild als innere Räume im G-Feld VzR des positiv - aktiven Raumsektors liegen mögen. Er weiß sich für den Augenblick bei ihnen 'unten durch' und auf seine Tollpatschigkeit festgenagelt. Entsprechend dem Gesetz der G-Einwirkung strebt er eine Verbesserung und Entstörung seiner Position gegenüber den beiden Tischpartnern an.

Für die beiden Tischpartner, ihnen mag ein starkes G-Feld VzR im positiv-aktiven Raumsektor liegen. Die komplexen Erscheinungen aus dem schwachen G-Feld im negativ - passiven Raumsektor, das sich ihnen aus der ungeschickten Verhaltensweise des Richard A. aufbaut, sind: Distanzierung, Mißstimmung und geringfügige Mißachtung gegenüber Richard A. Insgesamt bestehen dadurch leichte Spannungen gegenüber Richard A. Entsprechend dem Gesetz der G-Einwirkung, verbunden mit dem einsetzenden Gewissen, dem Mann dadurch vielleicht Unrecht zu tun, streben sie beide danach, Richard A. aus der Patsche zu helfen und so ihre negative Einstellung wieder gutzumachen.

<u>Leitsatz 7:</u> *Die G-Einwirkung beinhaltet die komplexen Erscheinungen in der Psyche des Verbrauchers von Situation zu Situation, die sich zwingend aus den Gesetzen der Gravitation (vgl. Punkt 2.7) und den G-Feldgesetzen (vgl. Punkt 2.7.1) ergeben. In Zusammenhang mit der totalen Abhängigkeit seiner Psyche insbesonder von Menschen, aber auch von der Sachumwelt, besteht eine konstante Ausrichtung der psychischen Abläufe und damit der Verhaltensweisen des Verbrauchers, mit dem Ziel, Störungen der psychischen Gravitation*

und den Aufbau von störenden G-Feldern zu vermeiden (vgl. Leitsatz 1 in Punkt 3).

Festinger gelangt zu dem Themenbereich der Dissonanz ausgehend von seinem Ansatz über Kognitionen als 'elementare Einheiten' eines kognitiven Systems. Es können darunter Meinungen, Ansichten, Erwartungen eines Individuums über sich selbst und seine Umwelt verstanden werden. [29] Festinger dazu: „... the things a person knows about himself, about his behavior, and about the surroundings." [30]

Das kognitive System eines Individuums wird von der Gesamtheit all seiner Kognitionen gebildet und sofern es sich um relevante Beziehungen von kognitiven Elementen handelt, ergeben sich zwei Formen der Relationen:

- In einer *konsonanten* Beziehung passen die kognitiven Elemente zueinander, sie harmonieren miteinander und sind psychologisch vereinbar.
- In einer *dissonanten* Beziehung sind sie im Bewußtsein des Individuums widersprüchlich'. [31]

Festinger meint zunächst, Dissonanzen treten besonders nach Entscheidungen auf. Er kommt dann aber zu dem hier interessierenden Ergebnis: 'Die Annahme, daß Dissonanz immer erst nach Entscheidungen auftreten muß, läßt sich mit den Erkenntnissen der Informationsaufnahme- und verarbeitung nicht vereinbaren. Danach werden bereits in der Vorentscheidungsphase stufenweise Informationen aufgenommen und selegiert. Darunter können auch solche sein, die mit dem subjektiven Einstellungssystem nicht in Einklang stehen, d.h. widersprüchlich sind. Es müssen demnach auch schon vorab Entscheidungen getroffen werden, um den später zu treffenden Entschluß vorzubereiten. Dies bedeutet, daß ein Individuum möglicherweise schon vor dem Entschluß nach Maßnahmen sucht, um kognitive Dissonanz zu reduzieren, sie gering zu halten oder ihnen gänzlich auszuweichen.'. [32]

---

29 vgl. Mayer (1993), S. 232
30 vgl. Festinger (1957), S. 9
31 vgl. Mayer (1993), S. 232
32 vgl. Mayer (1993), S. 233

Welche zentrale Stellung das Gesetz der G-Einwirkung für Produkte und Dienstleistungen einnimmt, erwächst bereits aus der Darstellung.
Wie wenig sinnvoll es für die bisherigen Wirkungskontrollen in Richtung Kaufverhalten ist, Richard A. einer bestimmten Zielgruppe zuzuteilen und ihn zu fragen, was 'Er' beispielsweise von einem Produkt oder einer Anzeige und deren Werbeelemente hält, findet hier die Erklärung. Ihm mag das Produkt an sich gefallen, er mag eine unter mehreren Anzeigen oder deren Werbeelemente auf sich gestellt beurteilen und bewerten; wissen, er habe sie gesehen oder gelesen und wenn er sie in der Untersuchung dazu liest, seine speziellen Notizen vermerken. Er mag die Anzeige, mit den verschiedenen Meßinstrumenten geprüft, lesen und aus der Untersuchungs-Situation heraus, mehr oder weniger starke Emotionen bezüglich Anzeige, deren Werebeelemente und Produkt aufweisen. Er mag Werbeelemente schließlich aus der Erinnerung ergänzen oder Produkte mit ihren Marken verbinden können - und, und, und; immer wählt Richard A. auf Dauer letztlich zwingend das Produkt, mit dem er bei den ihm wesentlichen Menschen ankommt und das zu seiner Umwelt paßt. Was er über Produkte und Dienstleistungen und der Werbung dafür weiß und auf sich gestellt empfindet ist dabei nebensächlich, wenn das Gesetz der G-Einwirkung in späteren Situationen dagegensteht. Daraus folgt;

<u>Leitsatz 8:</u> *Die psychischen Abläufe des Verbrauchers und damit seine Verhaltensweisen richten sich zwingend nach dem Gesetz der G-Einwirkung aus. Besonders gegenüber den ihm wesentlich erscheinenden Umweltfaktoren erlangt das Gesetz seine Bedeutung. Durch das, was er benutzt und womit er sich umgibt, ist der Verbraucher konstant bestrebt, die psychischen Gravitationseinflüsse nicht störend zu beeinflussen. Alle Produkte und Dienstleistungen, die er beansprucht, wählt er zwingend und scheinbar ohne viel Dazutun nach dem Gesetz der G-Einwirkung, das sich aus den Gesetzen der Gravitation (vgl. Punkt 2.7) und den G-Feldgesetzen (vgl. Punkt 2.7.1 ff) bestimmt.*

4.1.2.3.4 Die psychologische Zufallsgruppe

Doch zurück zu den Dreien im Cafe (Punkt 4.1.2.3.3). Über die Entschuldigung des Richard A. und dem Verständnis der beiden Tischpartner bezüglich seiner Ungeschicklichkeit ist man ins Gespräch gekommen. Der Zeitungsleser unter ihnen wirft ein politisches Tagesthema zur Diskussion auf. Die beiden Tischpartner gehen auf diesen Problemkreis ein. Und obwohl die einzelnen Stellungnahmen verschieden sind, geschieht mit den psychischen Abläufen der Drei etwas, das über die genannten gleichartigen Bewegungsabläufe des losen Zusammenschlusses hinausgeht (vgl. Punkt 4.1.2.3.2). Für die Situationen des Gespräches erfahren nun gleichartige innere Räume ihre Bewegungsabläufe in gemeinsamer und gelenkter innerer Aktion. Streng genommen war dieser Zustand bereits in der Situation 'verschütteter Kaffee' gegeben. Es bildet sich für die Gesprächsdauer unter den Dreien eine psychologische Zufallsgruppe.

Am Nebentisch sitzt ein älteres Ehepaar, das dem Gespräch der Drei im Cafe folgt. Mit oder ohne Kommentare des Ehepaares hat sich damit die psychologische Zufallsgruppe auf die fünf Personen ausgedehnt. Einkommen, soziale Stellung usw. der Fünf spielen keine Rolle dabei. Das bedeutet;

Leitsatz 9: *Die psychologische Zufallsgruppe unterscheidet sich vom losen Zusammenschluß durch gemeinsame, gelenkte und damit gleichartige innere oder äußere Aktionen (Punkt 2.2.2). Dabei ist es gleich, wie viele Menschen daran beteiligt sind und welche inneren Räume in solchen Situationen gemeinsame und gelenkte Bewegungsabläufe erfahren. Die individuelle Stellungnahme der Mitglieder einer Zufallsgruppe ergibt sich aus den subjektiven Bewegungsabläufen in deren G-Feldern.*

4.1.2.3.4.1 Das Gesetz der Verstärkung

Eine bekannte Nebenerscheinung ist dazu zu beobachten. Je kleiner eine Zufallsgruppe, desto kritischer vermögen sich deren Mitglieder mit dem gemeinsamen Problemkreis auseinanderzusetzen. Treffen hingegen gelenkte äußere Aktionen auf sehr große Zufallsgruppen - wie sie z.B. bei politischen Großveranstaltungen vorkommen - verflacht deren Urteilsfähigkeit und macht einer zusehenden Auslieferung der Mitglieder an die gelenkten Aktionen Platz. Wie ist das möglich?

Den wenigen Menschen einer kleinen Zufallsgruppe erzwingt das Gesetz der G-Einwirkung die Auseinandersetzung mit den Gruppenpartnern. Der gemeinsame Problemkreis kann somit objektiver beurteilt werden. Die psychischen Abläufe unterordnen sich der G-Einwirkung.

Im Gegensatz dazu gilt für große Zufallsgruppen, in ihnen ist es während der von außen gelenkten Aktionen nicht möglich, sich mit jedem Gruppenmitglied auseinanderzusetzen. Das Gesetz der G-Einwirkung wirkt hier nur gegenüber den nächsten Menschen innerhalb der Gruppe. Die gelenkten Aktionen weisen Situationen auf, in welchen zum einen die Auseinandersetzung mit den Nächsten der Gruppe nach dem Gesetz der G-Einwirkung stattfindet. In diesen Situationen ist der Einzelne auch innerhalb der grossen Zufallsgruppe objektiver. Zum anderen handelt es sich meist um Situationen, in denen das Gruppenmitglied nach den Gesetzen der Bewußtseinsenge (vgl. Punkt 2.7.2) einer Modulation unterliegt und es wird von der gelenkten Aktion mitgerissen.

4.1.2.3.5 Die psychologische Gruppe auf Zeit

Zurück zu den Dreien im Cafe (vgl. Punkt 4.1.2.3.3). Die Zufallsgruppe, die sie durch das politische Gespräch bildeten, müßte spontan auseinanderfallen, würde das Gespräch dadurch beendet, daß jeder von ihnen die Tätigkeit wieder aufnimmt, die sie vor der Unterhaltung beschäftigte. Richard A. sich also wieder über das Geschenk für seine Frau, die beiden Tischpartner sich über Zeitung und Notizbuch zurückziehen. Richard A. aber kommt auf eine Theateraufführung zu sprechen und es stellt sich heraus, die beiden Herren pflegen Literatur ebenfalls als ihr Hobby. Eine ganz andere Basis ist plötzlich eröffnet. Jeder steht mit einmal voll hinter seinen Aussagen. Man kommt von diesem Thema abschweifend auf Beruf und Familie zu sprechen und nachdem sich herausstellt, sie haben gleichwertige berufliche Positionen und manche gemeinsame Anschauung, ist die Ausgangsposition zu vielen gemeinschaftlichen Aktionen geschaffen. Ein freundschaftliches Verhältnis bahnt sich an. Sie tauschen ihre

Adressen und wollen sich wieder treffen. Die Drei verabschieden sich in herzlichem Ton.

Die psychologische Gruppe auf Zeit unterscheidet sich von der psychologischen Zufallsgruppe (vgl. Punkt 4.1.2.3.4) durch eine Vielzahl gemeinsamer und gelenkter Aktionen. Wieder bliebe es gleich, wieviele Menschen daran beteiligt sind. Es handelt sich hier aber in der Regel um wenige Menschen (vgl. Punkt 2.7 ff), die in Gliedern der Gruppe auf Zeit gemeinsame und gelenkte Aktionen erfahren. Wieder ergeben dabei die subjektiven Bewegungsabläufe der inneren Räume während der gemeinsamen erlebten Aktionen die individuellen Stellungnahmen der Beteiligten, mit den komplexen psychischen Erscheinungen aus den G-Feldern. Das bedeutet:

Leitsatz 10: *Da sich die Ausgangsbasis von gleichen wesentlichen inneren Räumen relativ seltener findet, handelt es sich bei den Gruppen auf Zeit meist um Zusammenschlüsse von wenigen Menschen. So in der Freundschaft, dem engsten Bekanntenkreis, dem wissenschaftlichen oder beruflichen Team und als intensivsten Zusammenschluß die Ehe bzw. Partnerschaft . Besonders häufig in Ehe, Partnerschaft und Freundschaft wird das Erscheinungsbild dieser Mitmenschen zum inneren Vorzugsraum, dem sich entsprechend den G-Feldgesetzen annähernd sämtliche Problemkreise zwingend unterordnen.*

4.1.2.3.6 Die soziologische Gruppe

Die für Richard A. in Frage kommende soziologische Gruppe erwächst psychologisch gesehen ebenso aus den G-Feldgesetzen in Zusammenhang mit dem Gesetz der G-Einwirkung (vgl. Punkt 2.7 ff und 4.1.2.3.3). Dadurch erklärt sich, wie das soziale Umfeld, insbesondere Mitmenschen, wieder wie 'von selbst' entsprechend dem diesbezüglichen Anspruchsniveau ausgewählt werden.

Wie ausnahmslos beispielsweise sich alle Umweltbezüge auf ein ehrgeiziges Berufsziel auszurichten vermögen, weiß Richard A. von einem seiner Vorgesetzten, der in den Vorstand der Bank strebt. Von ihm werden alle Mitmenschen, Frauen, Freunde und Bekannte nach dem Gesichtspunkt gewählt, das berufliche Ziel zu erreichen. Von der Wahl seines sozialen Sachumfeldes nicht zu sprechen.

4.1.2.3.7 Kulturelle Einflüsse

Die gesamtgesellschaftlichen, kulturellen und zivilisatorischen Gegebenheiten, in denen Richard A. aufgewachsen ist, bilden sozusagen den Hintergrund für seine G-Einwirkungen. Sie treten derzeit noch besonders in abgegrenzten Bevölkerungskreisen der traditionell geprägten ländlichen Gegenden auf. Während sich bereits Multikulturelles vorwiegend in den größeren Städten mischt.

Aus den Darstellungen in den Punkten 4.1.2.3.1 bis hierher läßt sich abrundend sagen:

Leitsatz 11: *Produkte und Dienstleistungen, die an den Verbraucher herangetragen werden, finden normal ihre zwingende Wahl nach diesen Gesetzen. Der Verbraucher ist dort 'zuhause', wo man sich in etwa mit Gleichem umgibt, wo man beruflich auf gleich mit seinen Zielen steht, wo also in Menschen eine mögliche Vielzahl gleichartiger und wesentlicher innerer Räume gegeben sind. Und es besteht kein Unterschied, wie auf Dauer Menschen ausscheiden müssen, so müssen Produkte und Dienstleistungen ausscheiden, die für den Verbraucher entgegen diese Gesetze stehen. Spontane Verhaltensänderungen, bei denen die Märkte neu gemischt werden, gibt es bei Pionierinnovationen.* [33] *Dann nämlich, wenn völlig überzeugende Neuprodukte bzw. Dienstleistungen dem Verbraucher auf Anhieb eine stärkere Haftungswirkung in dessen G-Feld VzR bedingen, als dies die bislang gebrauchten zu tun vermögen (vgl. Punkt 2.5 ff).*

Es braucht nicht zu überraschen, wenn sich das Verhalten gegenüber Menschen und Umwelt oder auch nur der Wunsch danach mit inneren Räumen verändert, die eine starke Haftungswirkung erfahren. Die Erfahrung an Menschen bei beruflichem Aufstieg zeigt beispielsweise, wie sie sich einen neuen Freundes- und Bekanntenkreis schaffen (vgl. Punkt 4.1.2.3.7). Frühere Freunde und Bekannte werden in solchen Fällen rasch abgeschoben. Ja, oft werden in

---

[33] vgl. Preiser (1961), S. 135 f

Fällen sozialen Aufstieges frühere Freunde und Bekannte geradezu als peinlich empfunden. Von Produkten und Dienstleistungen, die früher ge- oder verbraucht wurden, ist das ebenso bekannt.

4.1.2.3.8 Das Gewissen in der Gruppe auf Zeit

Bezüglich dem Auftreten von Gewissen in Gruppen auf Zeit erklären sich nun Erscheinungen, denen gegenüber bisher eine gewiße Ratlosigkeit herrscht. Dazu vorweg zwei Beobachtungen:

1. Beobachtung: Ein junger Mann, cool, wie er sich gerne gab, 20 Jahre alt und Mitglied einer jugendlichen Bande, war gegenüber seinen 'Jungs' plötzlich sehr seltsam geworden. Er fand zu den Bandenmitgliedern keinen rechten Anschluß mehr, wie er selbst meinte. Zu den Gesetzen der Bande gehörte es, kleinere öffentliche Unordnungen anzustiften und Schlägereien zu inszenieren. Einmal wöchentlich wurde in einem abgelegenen Kellerraum eine nächtliche Orgie abgehalten. Dazu brachte jeder seine 'Puppe' mit und es verstand sich, diese Nächte endeten mit sexuellen Ausschweifungen in Gemeinschaft. Erlaubt war jedem, was allen der Bande erlaubt war. Schwere kriminelle Übergriffe waren tabu.

Eines Tages kam nun der junge Mann restlos verstört und hatte den Kontakt verloren. Das ging ein paar Tage und man wollte ihn 'rausschmeißen'. Da gestand er, einen parkenden VW-Golf gestohlen zu haben, dessen Eigentümer er nicht kannte. Wem der Wagen gehörte, interessierte ihn nicht. Nur seinen 'Jungs' gegenüber verstörte es ihn sosehr. Die Handlung galt in der Bande als 'schwer Kriminell' und war in der Gang nicht erlaubt. Indem er gestand, war für ihn und die 'Jungs' der Fall nicht erledigt. Er brachte mit einem der 'Jungs' auf gemeinsamen Beschluß hin den Wagen an einen Platz am entgegengesetzten Stadtrand, dort überließen sie den VW-Golf seinem Schicksal und kehrten in den Klub zurück. Angekommen, stürzten die 'Jungs' über ihn her und schlugen ihn regelrecht zusammen, was er sich ohne Gegenwehr gefallen ließ. Nachdem das geschehen war und er sich davon erholt hatte, war er wieder ganz der Alte, cool und von seinen 'Jungs' akzeptiert.

Es handelte sich hier um die Störung der psychischen Gravitation des jungen Mannes gegenüber den Mitgliedern seiner Gruppe auf Zeit (vgl. Punkt 4.1.2.3.5). In dem Augenblick, da sich der junge Mann der Bande voll anschloß, geschah folgendes: entsprechend den G-Feldgesetzen in Zusammenhang mit dem Gesetz der G-Einwirkung (vgl. Punkt 2.7 ff) wurden seine wesentlichen G-Feldeinflüsse, was sein Umfeld, insbesondere seine Mitmenschen betraf, auf die Bande zugeschnitten. Damit war der Kontakt zu den 'Außenstehenden' verloren, weil die Gesetze der Gruppe auf Zeit nicht mit den gesellschaftlichen Gesetzen der 'Außenstehenden' vereinbar war. Übergeordnete Sittengesetze kannte bzw. anerkannte er von seiner Erziehung her nicht. Bezeichnend dafür: den jungen Mann kümmerte in keiner Weise der Wageneigentümer. Bezeichnend auch: die 'Jungs' empfanden nicht die geringsten Gewissensbisse bei ihren gemeinschaftlichen sexuellen Orgien. Diese gehörten, wie die inszenierten kleineren Schlägereien, zu dem Erlaubten. Das bedeutete, jeder der jungen Männer war der Gruppe ausgeliefert, in der sie sich zusammengeschlossen und damit von den 'Außenstehenden' abgeschnitten hatten. Eine Störung der psychischen Gravitation in Verbindung mit schlechtem Gewissen (vgl. Punkt 2.8) des jungen Mannes konnte nur eintreten, wenn sich eine Aktion gegen die Gruppengesetze stellte. Daraus folgt;

Leitsatz 12: *Das Gewissen der Mitglieder einer Gruppe auf Zeit ergibt sich als psychische Nebenerscheinung aus der Hebung oder Störung der psychischen Gravitation und damit der G-Felder entsprechend den typischen Verhaltensweisen und Gesetzen der Gruppe.*

Aus diesen Gesetzen ergibt sich auch die Erklärung für das Verhalten innerhalb der Rangordnung in der Gruppe auf Zeit. Die Beobachtung des Soziologen W.F. Whyte [34] beschreibt die Spannungen eines Gruppenmitgliedes, die einerseits aus seinen hervorstechenden Leistungen auf einem von der Gruppe bevorzugten Aktionsgebiet, anderseits aus seiner Einordnung in die Hierarchie der Gruppe entstanden. Die Beobachtung war folgende:

---

34 vgl. Hofstätter (1957), S. 121 f

2. Beobachtung: W.F. Whyte gewann das Vertrauen einer 'Gang', „... die sich im Elendsviertel einer amerikanischen Großstadt aus arbeitslosen jungen Männern gebildet hatte. Kriminelle Aktivität spielte in dieser Gruppe keine Rolle, sie war in erster Linie dazu bestimmt, ihren Angehörigen die ihnen sonst versagte soziale Bestätigung zu geben. In der Gang hatte sich eine Rangstruktur entwickelt, die allen Mitgliedern ziemlich deutlich war." In dieser Gruppe hatte das Kegelspiel als Lieblingsbeschäftigung eine besondere Bedeutung. „Beim Kegeln stellte sich aber heraus, daß ein in der Hierarchie nicht besonders hochstehender Bursche, er sei Frank genannt, ganz besonders gute Leistungen erzielte, besser jedenfalls als der Führer und die 'Elite' der Gang." Und weiter: „Whytes Beobachtungen zeigen, wie die Gruppe mit ihrem Problem fertig wurde, nämlich so, daß sich nach einer Weile die Rangordnung der Burschen auch auf deren Kegelleistungen übertrug. Die führenden Mitglieder spielten zwar nicht besser, der begabte Mann aus dem Mittelbereich dafür aber schlechter als bisher. Offenbar tat dies Frank auch nicht absichtlich, um Weiterungen zu vermeiden; es ergab sich mehr oder minder von selbst so." Die bisher gewonnenen Gesetze bestätigen die weitere Beobachtung vollauf: „Wenn Frank, der 'für seine Verhältnisse' zu gut spielte, die Kugel nahm, überkam ihn unter den Augen seiner Genossen eine Spannung, und das Ergebnis war eine mäßige Leistung. Diese aber wurde mit Befriedigung quittiert, sie paßte zu dem Bild, das sich die Gruppe von ihm machte und das er vermutlich eben zu akzeptieren begann. Frank selbst brachte seine Verwunderung durch die Bemerkung zum Ausdruck, daß er nicht mehr kegeln könne, wenn ihm die anderen zuschauten." Ebenso erklärt sich die Beobachtung Whytes: „Merkwürdigerweise war er aber noch immer ein respektabler Spieler, wenn er in anderen Gesellschaften auftrat." Daraus folgt allgemein;

Leitsatz 13: *Bei der Nutzung eines Produktes bzw. einer Dienstleistung wird der Verbraucher immer ein schlechtes Gewissen haben, wenn Produkt bzw. Dienstleistung die psychische Gravitation bezüglich wesentlicher Mitmenschen stark zu stören vermag. Derartige Gewissenskonflikte machen keinen auf Dauer zufriedenen Kunden.*

4.2 Wie die Verbraucherentscheidung fällt

Sollte Richard A. ein auf Dauer zufriedener Kunde werden, müssen – wie in Punkt 4.1 dargestellt – sowohl die Eigenschaften von Produkt und Dienstleistung überzeugen, als auch deren Gesamtbezug seinen Vorstellungen im G-Feld VzR genügen. Wie verläuft dieser Vorgang bei Richard A. im einzelnen?

4.2.1 Der Entscheidungsprozeß des Verbrauchers

Da der Entscheidungsprozeß des Verbrauchers lediglich Spezialfall des in Punkt 3 allgemein dargestellten Entscheidungsprozesses ist, kann im Folgenden etwa parallel dazu vorgegangen werden.

4.2.1.1 Der selektive Entscheidungsvorgang

Wie in Punkt 3 allgemein formuliert, handelt es sich bei dem Entscheidungsprozeß von Richard A. um einen selektiven Vorgang, der in der Regel mit den an ihn herangetragenen Informationen über Produkt bzw. Dienstleistung beginnt und meist über eine Reihe von Zwischensituationen bis hin zum Kauf bzw. zur Kaufverweigerung führt. Bezüglich der informativen Situationen ist psychologisch zu sagen:

Leitsatz 14: *Jede Situation, während der in der Psyche des Verbrauchers innere Räume bzw. Teilräume von Produkten und Dienstleistungen gebildet werden oder deren bestehende innere Räume bzw. Teilräume gelenkte Bewegungsabläufe (vgl. Punkt 2.5 ff) in dessen Psyche erfahren, ist eine Informationssituation in dem hier verstandenen Sinn.*

Was beispielsweise die Anzeige betrifft, beschränkt sich in der Regel die Informationssituation auf die Sinneseinwirkungen über das Auge. Die übrige Abfolge von Sinneseinwirkungen, die aus dem Produkt oder der Dienstleistung ersteht, ist zeitlich und sachlich meist (Ausnahme: Probebeilage) von der Anzeigen-Informationssituation getrennt.

Neben der Abbildung ist es in der Anzeigen-Informationssituation die Sprache, die fehlende Sinneserfahrungen an einem Produkt oder einer Dienstleistung zu schildern und ergänzen vermag. Über die Sprache kann beispielsweise Richard A. in der Anzeigen-Informationssituation die Griffigkeit der Seife 'Marke C.' erleben, ohne das Stück Seife vor sich liegen zu haben, danach zu greifen und es zu benützen. Über aussagestarke Schilderung kann so in einem Zug der innere Raum der Seife 'Marke C.' in Richard A. im voraus 'abgesteckt' werden.

4.2.1.1.1 Informations- und Kaufsituation

In den Fällen, in welchen Informations- und Kaufsituation zusammenfallen, kann es zum Spontankauf kommen. Beispielsweise liest Richard A. an einem Warenhaus-Verkaufsstand die dort ausliegende Anzeige über die Seife 'Marke C.'. Die Seife ist an dem Stand zugleich zum Verkauf angeboten. Vermögen die von der Anzeige gebildeten inneren Teilräume und der vorläufig 'abgesteckte' innere Raum der Seife 'Marke C.' während der Informationssituation des Richard A. besondere Bewegungsabläufe in seinem G-Feld VzR oder eine günstige Modulation auslösen (vfl. Punkt 2.7 ff), so geschieht Erleben der Anzeige und Griff nach der Seife in spontaner Folge. Vorausgesetzt, die psychische Masse des inneren Raumes der Seife 'Marke C.' kann eine entsprechende Antriebsdichte in den G-Feldern des Richard A. erreichen (vgl. Punkt 3.2.2). Ob Richard A. die spontan erworbene Seife erneut kauft, darüber entscheiden die im Folgenden dargestellten Situationen.

4.2.1.1.2 Vorläufige Kaufentscheidsituation

Richard A. sitzt zuhause in seinem Lieblingssessel und findet beim Lesen einer Illustrierten spontanes Gefallen an einem darin beworbenen CD-Tuner. An dem Gerät, das er seit 6 Jahren stehen hat ist eine Reparatur fällig und es läßt in der Leistung zu wünschen übrig. Seit geraumer Zeit ist er sich mit seiner Frau darüber einig, demnächst einen neuen CD-Tuner zu beschaffen. Durch das Lesen der Anzeige, in der ein supermodernes Gerät beworben wird, ist er 'Feuer

und Flamme' dafür. Erregt geht er im Zimmer auf und ab, von dem Gedanken beherrscht: 'Das kaufe ich, meine Frau wird sich riesig darüber freuen'.
Wie aber kommt es, daß Richard A. einen nach der Informationssituation gefaßten derartigen Kaufentschluß wieder umzustürzen vermag ?

4.2.1.2 Die Filterung

Wie in den Punkten 3.2 ff dargestellt, handelt es sich bei der menschlichen Entscheidung, die auf Dauer gehalten werden kann, um einen Entscheidungsprozeß, während dessen ein in Frage kommendes Produkt bzw. eine Dienstleistung eine Selektion oder Filterung bezüglich seiner Eigenschaften und wesentlicher Umweltfaktoren des Richard A. erfährt. Das bedeutet:

Leitsatz 15: *Selbst nach einem vorläufigen Kaufentscheid aus einer Modulation heraus, erfährt der Verbraucher laufende Veränderungen der Positionierung seiner Prduktvorstellung in seinem G-Feld VzR und damit Veränderungen der Antriebsdichte zu dem Produkt bzw. der Dienstleistung (vgl. Punkt 3.2.1).*

4.2.1.2.1 Endgültige Kaufentscheidsituation

Mit dieser Filterung stoßen wir auf den wichtigen psychischen Selektionsprozeß, der für Richard A. zwischen Informations- und endgültiger Kaufentscheidsituation liegt. Die endgültige Kaufentscheidsituation wird sich dabei nur als eine Sonderform der zu behandelnden Zwischensituationen herausstellen.
Das Beispiel in Punkt 4.2.1.1.2 sei beibehalten. Richard A. hat die Anzeige über den CD-Tuner gelesen und sogleich beschlossen, diesen für seine Frau und sich zu kaufen. Die Frage war, wie ist es möglich, daß dieser geradezu ideale Kaufentschluß wieder umgestürzt wird? Die Lösung liegt entsprechend den in den Punkten 3 und 4 bisher dargestellten Gesetzen auf der Hand. Es handelte sich bei der vorläufigen Kaufentscheidsituation um einen bestimmten Bezug von Bewegungsabläufen der angesprochenen inneren Räume im G-Feld VzR des Richard A. oder gar um eine Modulation. Vereinfacht ausgedrückt, mag Ri-

chard A. während der Informations- und vorläufigen Kaufentscheidsituation den CD-Tuner betont auf dessen erstaunliche Technik und Optik hin erlebt haben.

Entsprechend den komplexen psychischen Erscheinungen von Situation zu Situation erfährt aber der vorläufig 'abgesteckte' innere Raum des CD-Tuners seine weiteren Bewegungsabläufe aus den G-Feldgesetzen (vgl. Punkt 2.7 ff), dem Gesetz der G-Einwirkung (vgl. Punkt 4.1.2.3.3) zusammen mit den Gesetzen über die Gruppe auf Zeit (vgl. Punkt 4.1.2.3.5) und der soziologischen Gruppe (vgl. Punkt 4.1.2.3.6).

Richard A. erlebt dabei den CD-Tuner in sich abwechselnden Situationen auf seine Eigenschaften, seine Freunde, Bekannte, Mitarbeiter, den Chef, sein wesentliches Umfeld wie Wohnungseinrichtung, Wagen usw. hin. Und konnte er bezüglich der technischen Ausstattung das Gerät bestens vertreten, so stellt sich nun in mehreren der genannten Situationen heraus, der CD Tuner ist doch etwas zu 'abgefahren'. Die Aufmachung, die Farben, das Ganze ist ziemlich überzogen. Richard A.: 'Wenn das mein Freund Hans in unserer Wohnung aufgestellt sehen würde, der möchte es ja noch hinnehmen. Aber Martin und Renate – ein Ehepaar aus seinem Bekanntenkreis – die würden wohl doch etwas stutzen. Und mein Chef, käme er in unsere Wohnung, er würde wohl wieder sein schmales Lächeln darüber aufsetzen und könnte seine ironische Ader nicht verkneifen.'

So erlebt Richard A. eine ganze weitere Reihe von Situationen und seiner Frau, der er bereits von seinem Kaufvorhaben erzählte, geht es ähnlich. Die Situationen mögen den beiden dicht aufeinander folgen, oder zeitlich weit voneinander getrennt sein. Immer sehen Richard A. und seine Frau den CD-Tuner in 'anderem Licht' und von anderer Warte aus. Er und seine Frau vergleichen den CD-Tuner mit anderen CD-Tunern und auch hierbei setzt derselbe Prozeß wieder ein. Aus all diesen Situationen heraus ist es nach einiger Zeit ein ganz anderes Gerät, von dem sie beide aber nun innerlich ganz sicher sind, es zu beschaffen. Erst dieser Kaufentschluß, der in letzter der geschilderten Situationen zustande kommt, ist auf Dauer unumstößlich. Das Gerät wird bei etwa gleicher Technik und Leistung gekauft. Das bedeutet;

Leitsatz 16: *Zwischensituationen sind alle Situationen zwischen Informations- und endgültiger Kaufentscheidsituation, in welchen die angesprochenen inneren Räume bzw. Teilräume eines Produktes oder einer Dienstleistung entsprechend den Gesetzen der psychischen Gravitation und den G-Feldgesetzen (vgl. Punkt 2.7 ff), dem Gesetz der G-Einwirkung (vgl. Punkt 4.1.2.3.3) in Verbindung mit den Gesetzen der Gruppe auf Zeit (vgl. Punkt 4.1.2.3.5) und der soziologischen Gruppe (vgl. Punkt 4.1.2.2.6), ihre Bewegungsabläufe mit den komplexen psychischen Erscheinungen erfahren. Während dieses Prozesses der Filterung werden in Frage kommende alternative Produkte bzw. Dienstleistungen auf gleiche Weise selektiert. Letztlich entscheidet die günstigste Position eines dieser Produkte bzw. Dienstleistungen im G-Feld VzR des Verbrauchers über den unumstößlichen Kaufentscheid, weil dessen i.R. Masse die größte Antriebsdichte erreicht (vgl. Punkt 3.2.2).*

Die dargestellten Erkenntnisse ermöglichen der Unternehmenssteuerung völlig neue Vorgehensweisen, die letztlich auch dem Verbraucher und der Volkswirtschaft allgemein zugute kommen, wie das im Folgenden angesprochen wird.

5 Vorteile für die Unternehmensteuerung

Vorweg sind einige Erkenntnisse dargestellt, wie sie aus dem Entscheidungsprozeß des Verbrauchers resultieren, um anschließend deren Nutzen für die Unternehmensteuerung zu untersuchen.

5.1 Ermittlung der Käufer

Es entsprach dem Wunsch von Unternehmen der Konsumgüterbranche, ein Verfahren zu entwickeln, das die frühzeitige Feststellung von Käufern für innovative Produkte und Dienstleistungen erlaubt.

So gehört es in der Autoindustrie immer noch zum Alltag, daß für scheinbar aufgespürte Nischen Fahrzeuge entwickelt werden, die technisch Spitze sind, die aber trotz vorheriger Untersuchungen in den Zielgruppen nicht ankommen. Solche Fahrzeuge werden zu Flops, mit denen bekanntlich bis zu 250 Mio Euro und mehr in den Sand gesetzt sind. Anderseits gerät beispielsweise bei Verbesserungen von laufenden Automodellen die mit der Fertigungsplanung befaßte Mannschaft nebst Zulieferern in arge Zeitbedrängnis, wenn der Markt derartige Modelle in höherer Zahl aufnimmt, als angenommen.

Wüßte man rechtzeitig, wie der Verbraucher entscheidet, wäre die Basis gegeben, um die Unternehmensteuerung direkt an der Verbraucherentscheidung zu orientieren. Und das mit weitreichenden Vorteilen aber auch Konsequenzen, die daraus erwachsen würden.

5.1.1 System PAV ermittelt Marktobergrenzen

Um diesem Wunsch zu entsprechen, wurde System PAV (Prozeßanalyse Verbraucherentscheidung) entwickelt. System PAV erlaubt es, den Entscheidungsprozeß der Verbraucher auf vorgenannten Grundlagen (vgl. Punkte 2 bis 4) produktbezogen zu standardisieren und in ausgewählten Erhebungen die Käufer für innovative Produkte zu ermitteln.

So wurde System PAV in einer ganzen Reihe unterschiedlicher Produkte zum Einsatz gebracht. Sozusagen vom Auto bis hin zum Vollwaschmittel.

Aus allen System PAV-Einsätzen resultieren folgende wichtige und teils überraschende Ergebnisse, die selbst für Vollwaschmittel aus einer bestimmten Marktkonstellation festgestellt werden konnten.

5.1.1.1 Die Filterung verändert das Produktimage

Gelingt es der Werbung, im Verbraucher für ein bestimmtes Produkt ein Image von hervorragender Ausgangsposition in dessen Psyche zu erzeugen, so verändert sich das Produktimage während des Entscheidungsprozesses laufend durch die Filterung im G-Feld VzR (vgl. Punkt 4.2.1.2). Diese Veränderungen bedingen schließlich sogar für einen Teil der Befragten, daß sie Käufer für substitute Produkte werden.

Ob beabsichtigt oder nicht, ist es dabei von größter Bedeutung, es sind die Produkteigenschaften in ihrem Gesamtnutzen für das G-Feld VzR, die während des Entscheidungsprozesses das zunächst gute werbliche Produktimage derart verändern. Der Kaufentscheid fällt dann schließlich für das Konkurrenzprodukt.

5.1.1.2 Käufer trotz schlechtem werblichen Produktimage

Anderseits sind in den Erhebungen Anteile festzustellen, die auf Grund der Eigenschaften eines Produktes und deren Gesamtnutzen im G-Feld VzR zu Käufern werden, obwohl das werbliche Produktimage eine schlechte Ausgangsposition hatte.

In solchen Fällen verändert sich das zunächst schlechtere werbliche Produktimage während des Entscheidungsprozesses aufgrund der Produkteigenschaften derart günstig, daß es gegenüber substituten Produkten die bessere Position im G-Feld VzR der Befragten erzielt. Der Kaufentscheid fällt dann für das Produkt, welches zunächst die schlechtere werbliche Ausgangsposition auswies.

5.1.1.3 Marktobergrenzen

Wichtigstes Ergebnis in Zusammenhang mit den Punkten 5.1.1.1 und 5.1.1.2 sind bei den Einsätzen von System PAV die klare Abgrenzung der Anteile von Käufern gegenüber den Kaufverweigerern. Die Anteile an Käufern aus den Erhebungen erlauben so die unmittelbare Berechnung der absoluten Marktobergrenzen für Produkte aus dem in Frage kommenden Verbrauchergesamt.

An dieser Stelle sind einige Begriffe neu zu definieren. Da es wie in den Punkten 5.1.1.1 und 5.1.1.2 dargestellt, zu derartigen Veränderungen des werblichen Produktimage während des Entscheidungsprozesses kommt, kann nicht mehr als das ökonomische Ziel der Werbung gelten; sie würde zurechbare Marktanteile [35] oder gar neue Märkte schaffen. Ebenso scheidet als psychologisches Ziel der Werbung aus, es würde sich '... vor allem um die positive Beeinflussung des Kaufverhaltens für das betreffende Produkt handeln.' [36]

Diese Erkenntnis und die Tatsache absoluter Marktobergrenzen für Produkte stellt zweifellos die derzeitige vorherrschende Ansicht über Werbung in Frage. So hat sich herausgestellt:

Unterscheiden sich substitute Produkte in nur einer markant erkennbaren Produkteigenschaft, so resultieren die Marktobergrenzen und damit die Marktanteile aus dem Gesamtnutzen, den diese Produkteigenschaft im G-Feld VzR des Verbrauchers erbringt und nicht aus den Werbemaßnahmen für diese Produkte. Das konnte unter anderem auch in der Erhebung über Vollwaschmittel während einer bestimmten Marktkonstellation dafür nachgewiesen werden.

Bei substituten Produkten mit nahezu gleichen Produkteigenschaften hingegen besteht deren gemeinsame Marktobergrenze wieder aufgrund der Produkteigenschaften. Hier ist es dann die werbliche 'Aufmachung' und Linie, welche die Segmentgröße innerhalb der gemeinsamen Marktobergrenze erzielt. Die Marktobergrenze bleibt aber wegen der nahezu gleichen Produkteigenschaften unverändert. Das bedeutet;

---

35 vgl. Mayer (1993), S. 16
36 vgl. Mayer (1993), S. 17

Leitsatz 17: *Differiert bei substituten Produkten auch nur eine markante Produkteigenschaft, bestimmen sich die Marktanteile dieser Produkte aus der differierenden Produkteigenschaft und deren Gesamtnutzen im G-Feld VzR des Verbrauchers. Die Werbung hat dann bei der Schaffung dieser Marktanteile oder gar bei der neuer Märkte keinen unmittelbaren Einfluß darauf. Sind hingegen substitute Produkte nahezu gleich, bestimmen sich die Marktanteile dieser Produkte innerhalb deren gemeinsamer Marktobergrenze aus dem werblichen Gesamtnutzen im G-Feld VzR des Verbrauchers.*

Die Aufgabe der Werbung ist demnach:

- Bei differierenden Produkteigenschaften die Marktobergrenzen an Käufern zu erfassen. Darin ist die Werbung unersetzbar, um in Zeiten sich rasch ändernden Wettbewerbes die Marktobergrenzen schnell aufzufüllen.
- Bei nahezu gleichen Produkten die günstigste werbliche Segmentierung innerhalb der gemeinsamen Marktobergrenze zu erzielen.
- Den Käufern das Produktimage im Sinne der Einzelmarke fortlaufend zu festigen. Das Haus Underberg definiert beispielsweise die Marke treffend als '... das unverwechselbare Vorstellungsbild im Kopf des Verbrauchers.' [37]
- Ferner die Kunden- und Markenpflege. Wobei hier die Marke den Oberbegriff (Dachmarke) [38] für darunter erscheinende Produkte darstellt. Auch für die Dachmarke gilt allgemein, schlechte Einzelprodukte oder gar Flops schaden ihr ebenso [39] wie das schlechte Produkteigenschaften für die Einzelmarken [40] bewirken.

Auch haben die Marktobergrenzen mit den derzeit üblichen Festlegungen von Zielgruppen nur indirekt zu tun. Meyer definiert den Begriff der Marktsegmentierung treffend wie folgt: 'Unter dem Begriff Segmentierung versteht man die Zerlegung von Märkten, Absatzwegen und Kunden in homogene Zielgruppen mit unterschiedlichen Bedarfen und Anforderungen bis hin zum Segment-of-One. Ziel ist die Erfüllung dieser Bedarfe mit einem möglichst exakt

---

37 vgl. Meyer (2001), S 439
38 vgl. Meyer (2001), S 442 f.
39 vgl. Meyer (2001), S 445 f.
40 vgl. Meyer (2001), S 439

auf die jeweilige Zielgruppe zugeschnittenen Angebot.' [41] Und weiter: 'Unternehmen müssen eine Antwort auf die zunehmende Fragmentierung der Märkte finden. Es gilt Angebote zu unterbreiten, die den Anforderungen der Nachfrager möglichst optimal entsprechen und auf der anderen Seite eine zu große, kostenintensive und verwirrende Auswahl zu ähnlichen Angeboten vermeiden.' [42] Bezüglich des Trends zur Individualisierung der Nachfrage ist verständlich, wie alte Massenmärkte sich in immer kleinere Segmente teilen und die Unternehmen sich gezwungen sehen, zusätzliche Varianten anzubieten, um die individuellen Wünsche der Kunden zu erfüllen. 'Die Lösung heißt individuelle Massenproduktion oder Mass Customization.' [43]

Mit einfachen Worten: Die Marktsegmentierung ist aus dem Bedarf für ein Produkt heraus zu betreiben. Wenn nun Zielgruppen festgelegt werden, die nicht ausschließlich aus dem Bedarf für das Produkt ermittelt sind, so läuft die Schere auseinander. Kann ein Produkt ausschließlich von Schornsteinfegern gebraucht werden, ist die Zielgruppe klar: Es sind die Schornsteinfeger. Und aus ihr sind die Käufer zu ermitteln. Wird ein Markenartikel beispielsweise auf eine soziodemografische Zielgruppe angesetzt, ist - auf Wunsch - aus der Zielgruppe die Zahl der Käufer zu ermitteln. Aber, ob es für den Markenartikel eine viel breitere Kundengruppe als die vorgesehene Zielgruppe gibt, weiß man doch bisher nicht im voraus. Weiß man doch bisher nicht einmal, wieviele aus der angepeilten Zielgruppe kaufen werden.

Und hier schält sich in Zusammenhang mit der künftig geforderten individuellen Massenproduktion heraus, die unmittelbare Marktsegmentierung fließt nicht aus unsicheren Erwartungen bei der konventionellen Segmentierung sondern durch die produktbezogenen Marktobergrenzen, wie sie direkt aus der Verbraucherentscheidung resultieren. Wie in den Punkten 5.1.1.1 bis hierher festgestellt, sind es ja insbesondere die Produkteigenschaften mit ihrem Gesamtnutzen im G-Feld VzR des Verbrauchers, welche letztlich den Käufer bringen. Und so segmentiert der Verbraucherentscheidungsprozeß direkt die Größe des Käufermarktes und seine Marktobergrenze, wie er sich aus der Produktdifferenzierung ergibt.

---
41 vgl. Meyer (2001), S. 356
42 vgl. Meyer (2001), S. 357
43 vgl. Meyer (2001), S. 359

5.1.1.4 Werbewirkungs- und Werbeerfolgkontrolle

Die Verbindung zwischen Werbewirkung und Werbeerfolg '... ergibt sich aus der Annahme, daß die vielfältigen psychologischen Konsequenzen der werblichen Kommunikation den ökonomischen vorausgehen bzw. die Bedingung für das letztlich angestrebte Verhalten (Kauf) darstellen.' [44] Soweit etwa die geläufige Meinung bezüglich der Zusammenhänge von Werbewirkung und Werbeerfolg.

Eine Werbewirkungskontrolle für Produkte mit differierenden Produkteigenschaften zur Ermittlung der Käufer konnte und kann es aber künftig aus den Punkten 5.1.1.1 bis 5.1.1.3 nicht geben. Wie dargestellt, schafft die Werbung dazu günstigenfalls die entsprechende Ausgangsposition für die Produktvorstellung des Verbrauchers. Darüber hinaus ist es die Filterung insbesondere von Produkteigenschaften, die den Käufer bringt und System PAV ermittelt dazu die Marktobergrenzen. Für derartige Märkte erfasst die betont informative Werbung die Käufer am schnellsten.

Für nahezu gleiche Produkte sind die werblich erzielbaren Segmentgrößen innerhalb deren gemeinsamer Marktobergrenze (vgl. Punkt 5.1.1.3) in der Werbewirkungskontrolle durch System PAV zu ermitteln. Für die werbliche Segmentierung bei nahezu gleichen Produkten ist die motivierende Werbung angesagt.

Die Werbeerfolgkontrolle ist künftig ab Markteintritt innovativer Produkte möglich. Bei der Ermittlung der Marktobergrenzen werden in den Befragungsrahmen u.a. die Medien festgestellt, die von den Befragten genutzt werden. Die Käufer können dadurch werblich unmittelbar erfaßt werden. Der Zuschnitt der Werbeetats wird an den Marktobergrenzen bzw. den werblichen Segmenten ausgelegt. Dadurch ist die absatzbezogene Werbeerfolgkontrolle für die Produkte ab deren Markteintritt möglich.

Verlangen diese Erkenntnisse zum Vorteil der Unternehmen zuviel von der Werbebranche? In seiner Untersuchung von Werbewirkung und Kaufverhalten unter psychologischen Aspekten [45] kommt Mayer in dem 'Raport: Zur Lage der

---

44 vgl. Mayer (1993), S. 18f.
45 vgl. Mayer (1993), S. 259 - 274

Werbewirkungsforschung' [46] u.a. zu der Aussage: 'Sieht man auf der einen Seite die grundlegende Bedeutung von Prätests in ihrer Funktion als Entscheidungsinstrument, so erstaunt auf der anderen Seite die relativ geringe Anzahl der zur Thematik Werbewirkung und Kaufverhalten vorliegenden Untersuchungen. Man gewinnt geradezu den Eindruck, als ob die mit einem Offenbarungseid vergleichbare Frage nach der Verhaltensrelevanz der potentiellen Prädikatoren absichtlich vermieden werden würde, um sich vor unangenehmen Erfahrungen und Konsequenzen zu schützen; im Sinne der Aussage, „Was ich nicht weiß, macht mich nicht heiß"!

Oder wie mir ein Geschäftsführer einer bekannten US-Werbeagentur nach Darlegung der Dinge erklärte: 'Mir ist die bisherige Praxis der Etatvergabe lieber!' Das sind natürlich zunächst Schutzbehauptungen. Manchen in der Werbebranche mögen eben die in den Punkten 5.1.1.1 bis hierher genannten Erkenntnisse anmuten wie dies in der Geschichte über 'Des Kaisers neue Kleider' nachzulesen ist.

In Wirklichkeit werden nach Überdenken der Sache die Werbemaßnahmen künftig gezielter und - wenn auch gestrafft - so doch vermehrt und kontrolliert weiterlaufen.

5.1.1.5 Marktobergrenzen und Produktlebenskurven

Aus der bisher fehlenden Kenntnis der Marktobergrenzen an Käufern ergeben sich die Lebenskurven einer Vielzahl von Produkten und Dienstleistungen, die trotz überhöhter Werbeetats zu Flops werden. Zudem verkürzen sich solche Lebenskurven durch falsche Produkterwartungen, wie sie seitens unterschwelliger und assoziativer Einführungswerbung im Verbraucher geweckt werden, während die Nutzung der Produkte enttäuschend verläuft.

Zu den von Festinger postulierten Dissonanzen nach Entscheidungen meint Mayer, es ist die Möglichkeit ihrer Entstehung auch im Fall von Kaufentscheiden anzunehmen, und: „Kritisch sind in erster Linie die dissonanten Elemente, denn sie stellen für das bestehende kognitive System die eigentliche psychologische Konfrontation dar. Dies ist zum Beispiel der Fall wenn "... die

---

46 vgl. Mayer (1993), S. 276

Werbung für das gewählte Produkt Übertreibungen über Leistungen enthält, die Erwartungen stiften, denen das Produkt in der praktischen Erfahrung überhaupt nicht standhält. Dieses Vorgehen kann nur zu Enttäuschungen führen, die letztendlich auf den Produzenten und insbesondere auf die Absatzchancen des Produkts zurückschlagen." [47]

Für Produkte der gehobenen Preisklasse, deren Marktobergrenzen unbekannt und deren werblich erzeugten Produkterwartungen überhöht sind, ergibt sich dann entsprechend den Punkten 5.1.1.1 bis 5.1.1.3 prinzipiell folgende Kurve des Absatzes:

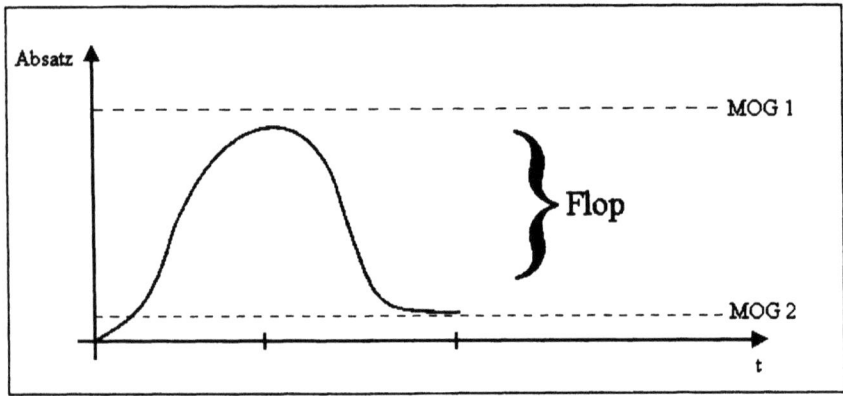

Bild 4: Absatzverlauf eines Flop für Produkte gehobener Preisklasse

In Bild 4 sellt MOG1 die Marktobergrenze erwarteter Produkteigenschaften dar. MOG 2 ist die tatsächliche Marktobergrenze auf Grund gegebener Produkteigenschaften und deren Gesamtnutzen im G-Feld der Verbraucher. Der Flop ergibt sich durch Unkenntnis der MOG 2 und wegen überzogener Erwartungen aus der Werbung. Für Hochpreisprodukte- und dienstleistungen verläuft die Kurve flacher (siehe Bild 5). Wegen des hohen Geldeinsatzes werden vorher die Informationen über die Produkt- und Dienstleistungseigenschaften ausführlicher eingeholt, ferner sind die Beschaffungszyklen länger.

---

[47] vgl. Mayer (1993), S. 236 f

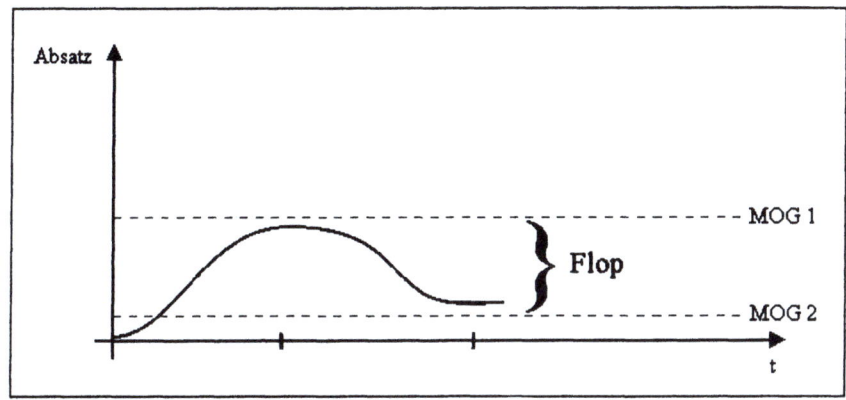

Bild 5: Absatzverlauf eines Flop für Hochpreisprodukte und -dienstleistungen

Fazit: Die bekannten 80 % Flops [48] und 50 % Werbeaufwand [49], der 'in den Sand gesetzt' ist, stehen in unmittelbaren Zusammenhang mit den Punkten 5.1.1.1 bis hierher und sind vermeidbar, wenn rechtzeitig die Marktobergrenzen bekannt sind, wie sie sich auf Grund des Entscheidungsprozesses der Verbraucher und bei reeller Pruduktinformation ergeben.

Meyer kann nur zugestimmt werden, wenn er betont: '...Herausragende neue Produkte oder Dienstleistungen lassen sich in allen Kategorien entwickeln, selbst in solchen, die als preisorientiert gelten. Dazu braucht man keinen Riesenvorsprung zu haben, vorausgesetzt man konzentriert sich auf einen Leistungsbereich, der für den Kunden wichtig ist und kommuniziert ihn so effektiv, dass der Kunde diesen Vorteil sofort wahrnehmen kann.' [50] Ein derart sorgfältig angelegtes Produkt wird prinzipiell folgende Lebenskurve aufweisen (siehe Bild 6).

In Bild 6 ist MOG 1 angenähert MOG 2. Die leichte Absenkung der Kurve mag von Einwirkungen der Wettbewerbprodukte veranlaßt sein, die durch einen Relaunch abgefangen wird. Wobei unter Relaunch eine Um- oder Neupositionierung einer Leistung in der Sättigungsphase zu verstehen ist, in der eine

---

48 vgl. Meyer (2001), S. 400
49 vgl. Mayer (1993), S. 277
50 Meyer (2001), S. 396 ff

umfassende Veränderung einer oder mehrerer Leistungseigenschaften der am Markt bereits eingeführten Leistung vorgenommen wird. [51]

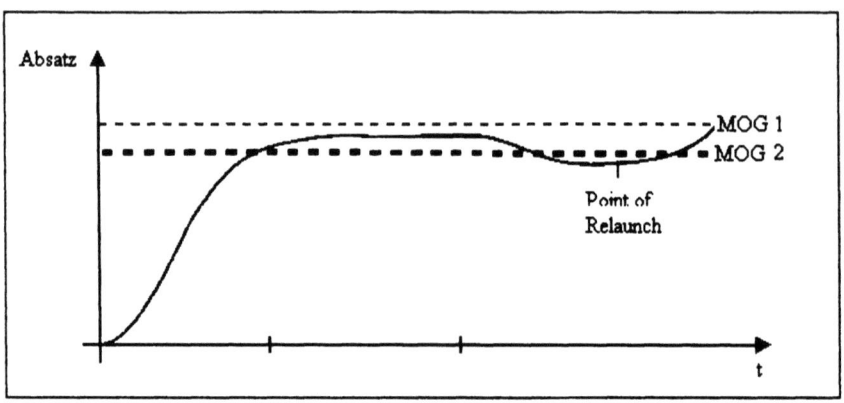

Auf eine besondere Gefahr des spontanen Einknickens von Lebenskurven sei in diesem Zusammenhang hingewiesen. Es gibt ja eine ganze Anzahl von Produkten, deren vollständige Produkteigenschaften der Verbraucher selten voll verstehen oder auf deren mögliche Auswirkungen hin beurteilen kann. Dazu gehören beispielsweise chemische Stoffe in kosmetischen und rezeptfreien medizinischen Präparaten, deren gesundheitsschädliche Wirkungen dem Unternehmer bei Markteintritt der Produkte selbst noch nicht bekannt sind. Werden solche gesundheitsschädlichen Stoffe durch Warentests bzw. Fälle von Erkrankungen publik, so sind es diese bekannt werdenden negativen Produkteigenschaften, welche die Marktobergrenzen spontan einbrechen lassen.

In Bild 7 ist MOG 1 zunächst annähernd MOG 2. MOG 3 ist die Marktobergrenze nachdem ein gesundheitsschädlicher Stoff in dem bisher bevorzugten Präparat bekannt wurde. Derart abrupte Zusammenbrüche von Märkten beweisen geradezu, daß der Markt von der Produktdifferenzierung bestimmt wird. Eine noch so schlechte Werbung könnte derartige Einbrüche nicht veranlassen.

---

51 vgl. Meyer (2001), S. 392

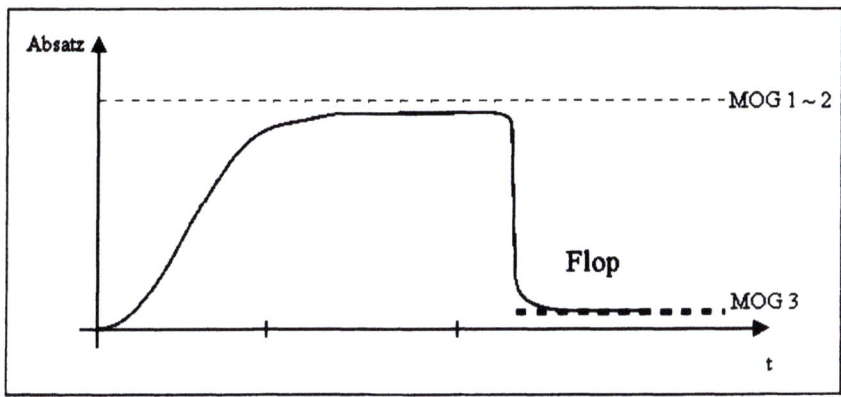

Bild 7: *Zusammenbruch eines Käufermarktes*

5.1.1.6 Die Preisgestaltung

'Der Preis gehört zu den zentralen Bestimmungsfaktoren für den Gewinn im Unternehmen, neben der Absatzmenge und den Kosten (Fixkosten und variable Stückkosten).' [52] Sicher gehört das pricing bisher zu den schwierigsten Teilbereichen des Marketing. Dieser Problematik soll ein Weg aufgezeigt werden, um sie zu entschärfen.

Zunächst wird allgemein definiert: 'Der Preis als Gegenstand der Preispolitik wird üblicherweise als Gegenleistung eines Käufers für den Erwerb einer bestimmten Menge einer Leistung bestimmter Qualität angenommen.' [53] Aus dieser oder einer ähnlichen allgemeinen Aussage resultiert der Gedanke der Preis-Absatz-Funktion. Diese folgt der Überlegung, es besteht zwischen der Höhe des Preises und der erwarteten Absatzmenge eines Produktes dahingehend ein Zusammenhang, daß der Absatz mit sinkendem Preis steigt.

Bei dieser Definition ist aber das wichtigste für die Preisgestaltung nicht beinhaltet, nämlich der Wert des Produktes bzw. der Dienstleistung für den Käufer. Nun läßt sich aus der Darstellung in den Punkten 2 bis 4 sagen;

---

52 vgl. Meyer (2001), S. 454
53 vgl. Meyer (2001), S. 455

Leitsatz 18: *Der Gesamtnutzen des Verbrauchers aus einem Produkt bzw. einer Dienstleistung ergibt sich aus deren gesamten Feldbeitrag in dessen G-Feld VzR.*

Mit anderen Worten, der Gesamtnutzen erwächst dem Käufer aus den vektoriellen Teilbeträgen im G-Feld VzR, die ihm die Produkt- und Dienstleistungseigenschaften, deren Nutzung, der Service, eventuelle Zugaben usw. erbringen und die sich aus seinem gesamten G-Feld VzR für ihn ergeben. Für diesen Gesamtnutzen - und nicht für das isolierte Produkt bzw. die Dienstleistung als solche - bezahlt der Verbraucher den Preis.

Ferner wissen wir: zwischen dem erreichbaren Gesamtnutzen und Preis liegt der Entscheidungsprozeß der Verbraucher (vgl. Punkt 4.2), der wiederum die Marktobergrenzen für Produkte und Dienstleistungen bedingt (vgl. Punkte 5.1.1.1 bis 5.1.1.4).

Die Preisspanne, welche die Käuferanteile aus den Erhebungen für den Gesamtnutzen zu zahlen bereit sind, wird ja in den Erhebungen mit erfaßt. So ergibt sich für die Marktobergrenzen von Produkten bzw. Dienstleistungen folgende mögliche Preis-Absatz-Funktion:

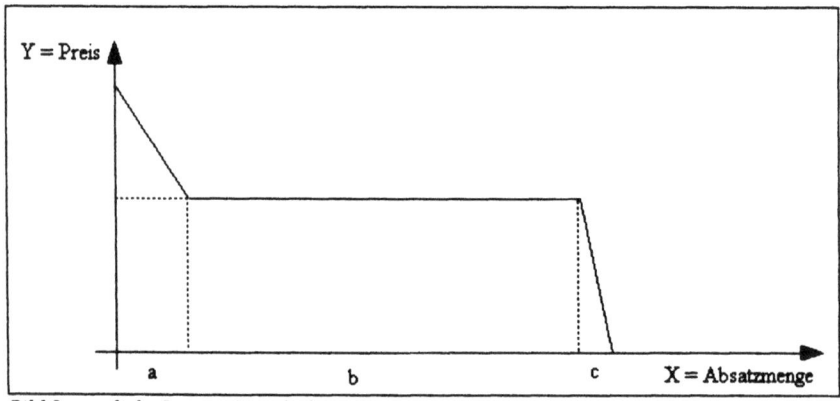

Bild 8: mögliche Preis- Absatzfunktion bei Kenntnis der Marktobergrenze

In Bild 8 sind: a die Ausschöpfung von Zusatzgewinn bei Einführung von Neuprodukten; b der Preis, den die Käufer innerhalb der Marktobergrenze für den Gesamtnutzen zahlen; c der abfallende Preis außerhalb der Marktobergrenze. Zu dieser Preis-Absatz-Funktion wäre für das Unternehmen die kundennutzenorientierte Preisgestaltung [54] unmittelbar aus der Marktobergrenze für das Produkt bzw. die Dienstleistung gegeben. Das Unternehmen weiß, was der Käufer für den Gesamtnutzen, den ihm das Produkt bzw. die Dienstleistung erbringt, zu zahlen bereit ist. Strittig ist in diesem Fall die Abschöpfung des sogenannten Zusatz- oder 'Pioniergewinnes' in der Einführungsphase aus zwei Gründen:

1. Die hohe Gewinnabschöpfung in der Einführungsphase frustriert die Mehrzahl der Käufer. Unter ihnen übernehmen vor allen die sogenannten 'Leithammel'-Käufer den überhöhten Preis. Erscheint das Produkt beispielsweise unter einer Dachmarke und wird das Verfahren in anderen Fällen ebenfalls angewandt, resultiert daraus in der Mehrzahl der Käufer die gefährliche Grundhaltung: 'Ein Jahr warten, dann bekommt man es um den halben Preis!' Die Mehrzahl der Käufer wird durch eine derartige Preisgestaltung von dem Kauf zurückgehalten und dem Wettbewerb viel Aufholzeit für substitute Produkte gegeben.

2. Die Grundhaltung der Abschöpfung eines hohen Pioniergewinnes in der Einführungsphase ist gegenüber den Käufern nicht loyal. Das gegenseitige Vertrauen von Käufer zu Unternehmen und Marke wird in Frage gestellt. [55]

Bevorzugt das Unternehmen hingegen die kostenorientierte Preisgestaltung, indem es auf die Stückkosten einen festen Prozentsatz als Gewinn aufschlägt, so ist auch dafür bekannt, was der Käufer für das angebotene Produkt bzw. die Dienstleistung entsprechend seinem Gesamtnutzen zu zahlen bereit ist. Auch dann müßte aus vorgenannten Überlegungen auf die Abschöpfung überhöhter Pioniergewinne in der Einführungsphase von Produkten verzichtet werden. Von Beginn an könnte das Produkt bzw. die Dienstleistung den konstanten Preis haben, der dem Gesamtnutzen der Käufer entspricht. Das Unternehmen kann bis

---
54 vgl. Meyer (2001), S. 457 f
55 vgl. Meyer (2001), S. 465

zum Erscheinen substituter Produkte sogar den Gewinn 'planen'. Unter der Voraussetzung, die Marktobergrenze wird durch informelle und reelle Werbung über relevante Medien rasch erfaßt (vgl. Punkt 5.1.1.3 und 5.1.1.4), ist der Gewinn zu realisieren, welcher dann die Spanne zwischen Stückkosten und Preis entsprechend dem Gesamtnutzen der Käufer ist.

Zu der kostenorientierten Preisgestaltung muß aber gesagt werden, sie paßt nicht in die Landschaft der marktorientierten Unternehmensteuerung. Allein für die beiden Erfordernisse des schnellen Markteintrittes von Produkt- und Dienstleistung wäre sie auf die Mitarbeit geleaster Marketer angewiesen. Und der 'geplante' Gewinn läßt sich bei Kenntnis genannter Daten ebenso bei der kundenorientierten Preisgestaltung durchführen.

5.2 Unternehmensteuerung orientiert an der Verbraucherentscheidung

Mit den Marktobergrenzen an Käufern für Produkte bzw. Dienstleistungen sind der marktorientierten Unternehmensteuerung grundlegend wichtige Zahlen gegeben. Für die Unternehmensteuerung wird durch System PAV die Vernetzung mit der Verbraucherentscheidung möglich.

So ist das System PAV bereits vorab einzusetzen, wenn erste Überlegungen zu innovativen Geschäftsfeldern seitens des Unternehmens bestehen, oder das System solche aufspüren sollte. Selbst bei so frühen Überlegungen ist grob abzustecken, ob es lohnt, in dieser oder jener Richtung auf Neuprodukte zuzugehen und in welchen Größenordnungen sich Abnehmer finden würden. Forschung und Entwicklung werden dann sagen, was bei welcher erforderlichen Produktdifferenzierung möglich ist. Der weitere Systemeinsatz erbringt mögliche Käuferzahlen zu realisierbaren Alternativen und es können Aufwand und Kosten entgegengestellt werden. Zeigen sich Flops an, kann der weitere Verfolg solcher Produkte früh gestoppt werden. Die Unternehmensleitung entscheidet die günstigste Innovation, während Systemeinsätze die Entwicklung bis hin zur Nullserie begleiten und schließlich klar die Marktobergrenze ausweisen bzw. Warnhinweise geben, wodurch diese ggf. gefährdet werden.

Interessant ist die Vernetzung von Unternehmensteuerung mit der Verbraucherentscheidung auch für den Relaunch. Nach einer erfolgreichen Verweildauer des Produktes bzw. der Dienstleistung am Markt, wird der Wettbewerb mit Substituten in das Segment eingreifen.

In dem Zusammenhang mit Innovation soll auf ein Problem aus den vergangenen Jahrzehnten eingegangen werden, das sich aus der bisher üblichen Positionierung und Segmentierung von Produkten ergibt. Meyer definiert die Positionierung wie folgt: 'Bei der Positionierung geht es um die zielgruppenspezifische Festlegung der nachfragerelevanten Nutzenversprechungen der eigenen Leistung im Vergleich zu denen der Konkurrenz sowie denen eines Idealobjektes. Im Gegensatz zur Zielgruppensegmentierung ... hat die Positionierung keinen Subjektbezug, sondern einen Leistungs- oder Produktbezug. Oder einfacher formuliert: Unter Positionierung versteht man den Vorgang, ... dass sich das Produkt im Geiste des Verbrauchers einen bestimmten Platz sucht.' [56]

Und Meyer weiter: 'Der Begriff der Positionierung ist also eng mit der Frage verbunden, ... welches Image ein Produkt oder ein Unternehmen beim Konsumenten erreicht. Eine eindeutige Positionierung spiegelt also letztlich nichts anderes wider als den Eindruck, den ein Nachfrager von einer bestimmten Leistung hat. Das ist ein ganz entscheidender Punkt: Nur wenn Sie es schaffen, eine scharf umrissene, also klare und eindeutige Positionierung herauszuarbeiten, ist der Nachfrager überhaupt in der Lage, einen Unterschied zwischen den im Grundnutzen ja oft austauschbaren Produkten zu erkennen und Präferenzen zu entwickeln.' Aus Sicht des Verbrauchers muß dazu gesagt werden, ihn kümmert die über ihn verfügte Zielgruppenzugehörigkeit wenig und er unterscheidet nicht zwischen Subjekt- und Produktbezug. Die Vorstellungsbildung (Image, Marke) für ein Produkt ist die eines inneren Raumes und unterliegt vielfacher Positionierungsänderung im Entscheidungsprozess (vgl. Punkte 2 bis 4).

Es interessiert daher die Frage sehr, wie bisher bei der Positionierung vorgegangen wird. Dazu ist es wichtig, sich zunächst die Verfahren der Positionierung ausführlicher darzustellen, um dann auf die Problematik der darauf ansetzenden Strategien zur Positionierung einzugehen.

Bei den Positionierungsmodellen wird beispielsweise ein zweidimensionaler Positionierungsraum aufgespannt, als Achsen des Modells dienen markante Produkteigenschaften, die für eine ganze Produktgruppe gelten und es wird un-

---

56 vgl. Meyer (2001), S. 469

terstellt, daß die Präferenz für ein Produkt desto größer ist, je näher das Produkt an dem Bereich des idealen Achsensegmentes liegt. Ähnlich beim sogenannten Idealpunktmodell. Dann gibt es Idealvektormodelle, die von linearen Nutzenindifferenzkurven ausgehen. [57] Meyer dazu: 'Die Bedürfnisvielfalt läßt sich meist einfach nicht zweidimensional einfangen.' Und: 'Ein Ausweg können mehrdimensionale Positionierungsmodelle sein, die das Kaufverhalten und den Entscheidungsraum des Konsumenten besser abbilden . Ihnen soll es gelingen, alle wichtigen Bedürfnisse bzw. Dimensionen zu erfassen und abzubilden, um damit genauere Positionen und Nischen von Angeboten zu bestimmen.' [58] Aber, die Festlegung der relevanten Eigenschaftsdimensionen sowie der Real- und Idealobjektpositionierung erweist sich in der Praxis als äußerst schwierig. Marktforschungsuntersuchungen sind hierfür zwingend erforderlich. [59]

Dann gibt es die Methoden zur Positionierungsanalyse. Dabei handelt es sich um Verfahren der Eigenschaftsbeurteilung (Kompositionsverfahren) und die Multidimensionale Skalierung MDS (Dekompositionsverfahren).

Bei dem Kompositionsverfahren wird dem Befragten eine Liste kaufrelevanter Eigenschaftskriterien zur Bewertung von Leistungen oder Marken vorgelegt. Beispielsweise Automarken nach Eigenschaften wie Schnelligkeit, Sportlichkeit, Sicherheit, Bequemlichkeit, Verbrauch. Diese unterschiedlichen Kriterien (auch Items oder Eigenschaften genannt) werden nach Beantwortung durch Faktorenanalyse auf zwei oder drei Dimensionen verdichtet, auf sogenannte Überbegriffe oder Faktoren. 'Diese stellen nun wieder die Achsen des Beurteilungsraumes dar. Das Ergebnis sind Werte oder Lageparameter, mit welchen die Marken in einen derartigen Raum positioniert werden.' [60] 'Der Marketer geht jedoch das Risiko ein, nicht alle für den Verbraucher relevanten Beurteilungskriterien erfasst zu haben.' [61]

Die Multidimensionale Skalierung als weitere Möglichkeit, um Wahrnehmungsräume zu ermitteln, untersucht bei den Befragten die Ähnlichkeiten bzw. Unähnlichkeiten der untersuchten Objekte, wie sie im Kopf der Verbraucher be-

---

57 vgl. Meyer (2001), S. 476 ff
58 vgl. Meyer (2001), S. 479 f
59 vgl. Meyer (2001), S. 479 f
60 vgl. Meyer (2001), S. 481 f
61 vgl. Meyer (2001), S. 482

stehen. Hierzu wird kein Eigenschaftskatalog verwendet, sondern die sich herausstellenden Dimensionen zeigen Regionen (Punkte/Vektoren) auf, in denen die beurteilten Objekte im Kopf der Verbraucher positioniert werden. Auf welchen Eigenschaften die Punktekonfiguration basiert, ist dabei nicht klar und interpretationsbedürftig. Beispielsweise werden Automarken auf ihre Ähnlichkeiten oder Unähnlichkeiten auf die persönliche Distanz der Marken zueinander im Wahrnehmungsraum der Befragten beurteilt. Aus den gewonnenen Distanzen wird ein modellhafter Wahrnehmungsraum konstruiert, die Ergebnisse werden von Experten, Kunden usw. interpretiert. [62]

Die üblichen Positionierungen wurden etwas ausführlicher behandelt, weil die Unternehmen derzeit auf Basis derartiger Positionierungsstudien ihre strategischen Entscheidungen treffen. Meyer unterscheidet dazu grundsätzlich zwischen Abhebungsstrategien, Imitationsstrategien und Nischenstrategien. Wobei die Abhebungsstrategien durch eine eigenständige Positionierung - am besten durch einen einzigartigen Verkaufsvorteil (USP=Unique Selling Proposition) - im Konkurrenzfeld erreicht wird. 'Der Prozess der Positionierung kann also auch als Suche nach einer Erfolgsposition im Markt verstanden werden.' [63]

Die Imitationsstrategie hängt sich an eine erfolgreiche Positionierung der Konkurrenz an. [64]

Ferner die Nischenstrategien, wobei als Marktnische ein Teilmarkt bezeichnet wird. Marktnischen ergeben sich 'manifest', d.h. es gibt auf dem Markt Nachfrager, '...die ein Bedürfnis nach einem bestimmten Produkt haben, das vorhandene Angebot aber als nicht befriedigend ansehen und deshalb nicht kaufen...' oder 'latent', '...wenn die Konsumenten die angebotenen Marken zwar kaufen, aber zu einem Markenwechsel sofort bereit wären, gäbe es nur eine neue Marke, die ihrer Vorstellung von einem Idealprodukt näher käme, als die bisherigen Marken.' [65]

Soweit die wesentlichen Positionierungsverfahren und der darauf ansetzenden Strategien zur Positionierung. Dazu ist zu sagen:

---

62 vgl. Meyer (2001), S. 482 f
63 vgl. Meyer (2001), S. 484 f
64 vgl. Meyer (2001), S. 485
65 vgl. Meyer (2001), S.486

In den Koordinatensystemen der wie immer gewählten Positionierungsräume ebenso wie der durch Faktorenanalyse ermittelten Dimensionen der Beurteilungsräume bzw. der Distanzen in den Wahrnehmungsräumen der MDS, werden Häufigkeiten eingetragen. Diese Häufigkeiten werden aus einzelnen Bedürfnissen, Eigenschaftskriterien oder Ähnlichkeiten in der Befragung gewonnen. Die so erzielten Ergebnisse sind bezüglich des erwarteten Käuferverhaltens interpretationsbedürftig.

In den Befragungen werden Stellungnahmen zu derartigen einzelnen kaufrelevanten Aspekten eingeholt, die nach Kenntnis des Entscheidungsprozesses des Verbrauchers nur etwa 5% zu dem schließlichen Kaufverhalten beitragen.

Aus den Häufungen in den gewählten Koordinaten geht nicht hervor, wie groß der Markt und die darin durch Produkte bereits belegten Marktsegmente sind. Das heißt, die Marktobergrenzen für den Markt und dessen belegte Segmente sind bisher weder bekannt noch zu ermitteln (vgl. Punkt 5.1 ff).

Auf den gewählten Koordinaten erscheinen nach Eintrag der Häufungen unbelegte Räume und diese werden für die strategische Segmentierung für neue Produkte herangezogen, von welchen wiederum die Marktobergrenzen nicht bekannt sind.

Was nun, wenn in Schlüsselindustrien derart gefundene freie Räume in den Positionierungsmodellen, beispielsweise für Automobile regelrecht 'zugepflastert' werden? Und wenn dafür die Marktobergrenzen von vermeintlichen Nischen unbekannt sind? Demgegenüber bietet sich der Unternehmenssteuerung die Vernetzung mit System PAV wie folgt an:

Theoretische Grundlage I:

Das gesamte psychische Geschehen des Menschen ist durch Vorstellungsfelder definiert, die der psychischen Gravitation unterliegen (vgl. Bild 9).

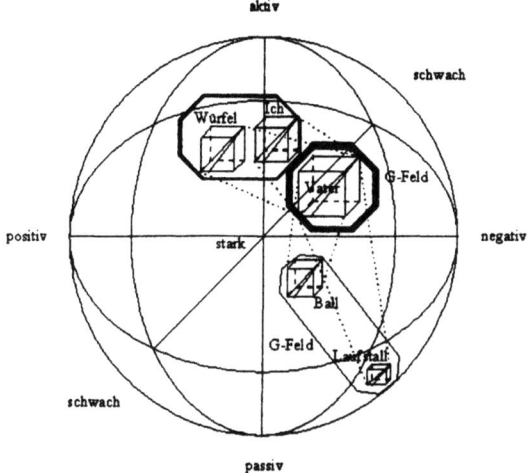

Bild 9: vgl. Bild 3 auf Seite 16, Punkt 2 ff.

Theoretische Grundlage II:
Die psychischen Gravitationsfelder sind vereinfacht formuliert durch Vektoren auszudrücken. Aus der psychischen Masse, welche die Vorstellung (= i.R.) eines Umweltfaktors nach Filterung im G-Feld V.z.R. erreicht, resultiert die Antriebsdichte zu dem Umweltfaktor und löst unmittelbar die Aktion in Richtung Zielerreichung aus (vgl. Punkt 2.7 ff, 3 und 4; siehe Bild 10).

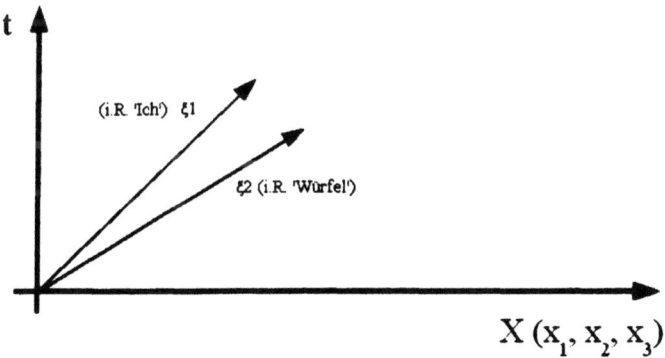

Bild 10: vektorielle Darstellung der i.R. 'Ich' und 'Würfel'

1. Zunächst analysieren die Grundlagen I und II für das System PAV den Entscheidungsprozess der Verbraucher.

Das ist möglich durch:

- **Den Vektorcharakter der Entscheidung**
Die Entscheidung des Verbrauchers hat Vektorcharakter, da seine psychischen G-Felder durch Vektoren darstellbar sind.

- **Die Filterung der Produktposition**
Ob und in welchem Maße die Produktvorstellung im dominierenden G-Feld des Verbrauchers schließlich positioniert wird, darüber entscheidet eine vom Verbraucher oft unbemerkte Filterung während des Entscheidungsprozesses.

- **Die Darstellung des Gesamtnutzens von Produkten**
Vorstellungen - auch die von Produkten und Dienstleistungen - erbringen nach Filterung günstigenfalls einen Vektorbeitrag im dominierenden G-Feld des Verbrauchers.

- **Die Ermittlung der größeren Antriebsdichte, die Kauf bedeutet.**
Der Verbraucher entscheidet sich unter gleichartigen Produkten auf Dauer für das Produkt, das nach Filterung den günstigeren Vektorbeitrag im dominierenden G-Feld erreicht; Siehe Bild 11.

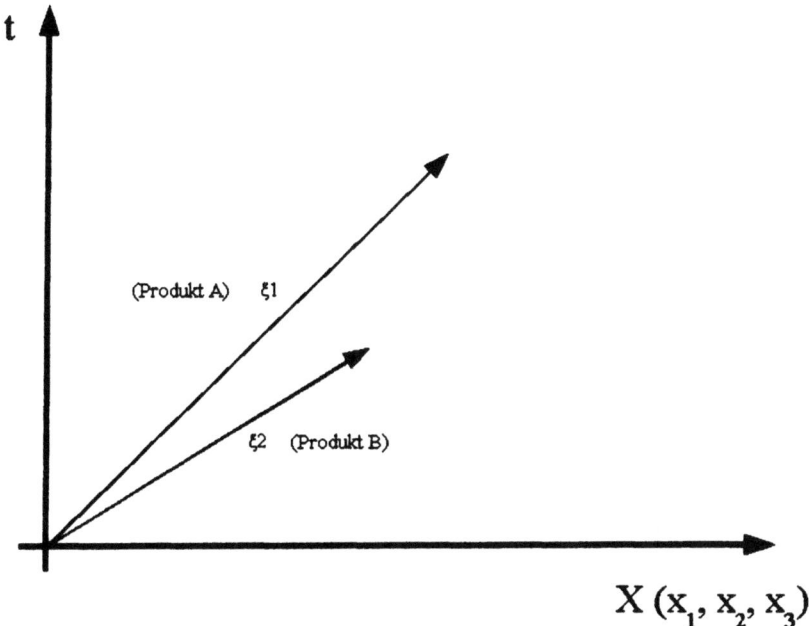

Bild 11: Darstellung am Beispiel des Verbrauchers Richard A. Durch die Antriebsdichte im dominierenden G-Feld ist unmittelbar ausgedrückt, daß der Verbraucher Richard A. Käufer für das Produkt wird.

2. **System PAV standardisiert und dokumentiert produktbezogen den Entscheidungsprozeß.**

Das ist möglich durch:

- **Die Erfassung der Vektorbeiträge.**
  Wollte man den Vektorbeitrag der Produktvorstellung der Verbraucher auf Basis von Einzeldaten erfassen und rechnen, wären derart gigantische Datenmengen erforderlich, daß der so befragte Verbraucher schlichtweg davonlaufen würde. Der Schluß lag nahe, diese Berechnungen dem Gehirn der Befragten direkt zu übertragen. Das ist möglich, weil das Gehirn derartige Vektorbeiträge nach Überlegzeit in Sekundenschnelle zu ermitteln vermag.

- **Die Filterung durch System PAV.**
  Dazu wird die produktbezogene Filterung standardisiert und im Einzelnen schriftlich dargestellt.

- **Die Markierung der Vektorbeiträge auf Skalen.**
  Von den Befragten werden die jeweils erreichten Vektorbeiträge der Filterung in dafür entwickelte Skalen direkt schriftlich markiert und auf diese Weise dokumentiert, vgl. Bild 12.

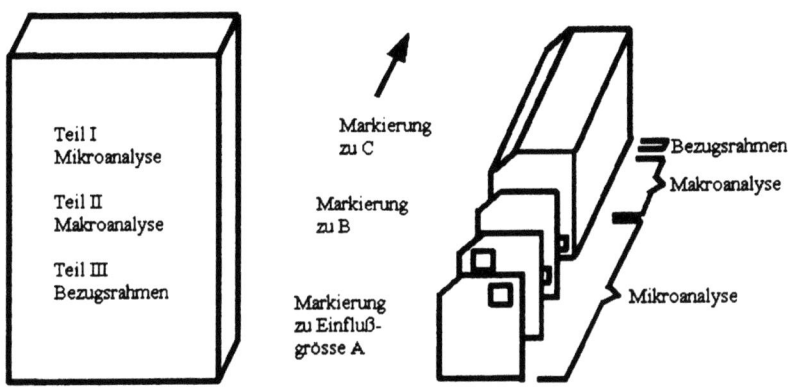

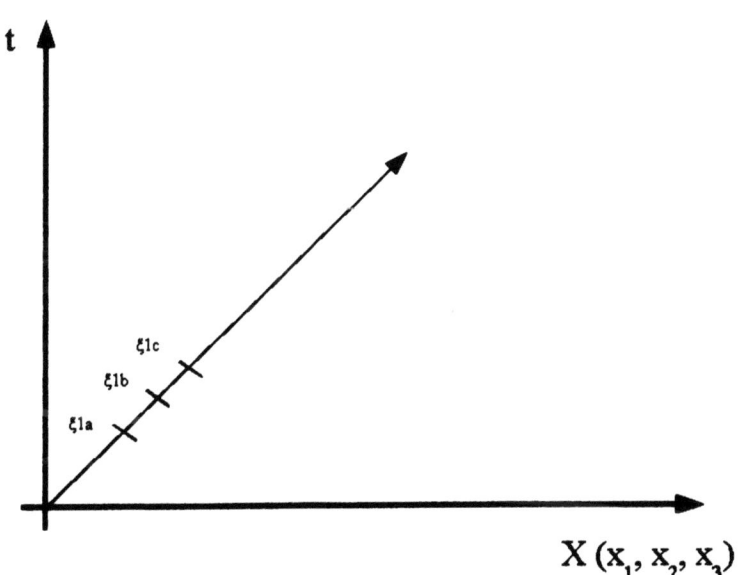

Bild 12: Dokumentation des Entscheidungsprozesses in der Befragung. Mathematische Auswertung der Antriebsdichte des Richard A. gegenüber dem Neuprodukt

3. **Darstellung der ausgewerteten Prozeßverläufe für die Personen der Erhebung.**

Das ist möglich, denn:

- **Die Matrix weist die Käufer aus.**
  Die Matrixdarstellung der ausgewerteten Prozeßverläufe erfaßt in der Zeilenfolge die Personen und in der Spaltenfolge die Einflußgrößen. Im Resultat zeigt die Matrix die Käufer und Kaufverweigerer auf.

- **Der Käuferanteil ergibt die Marktobergrenzen.**
  Die Größe des Marktes an Käufern ergibt sich dann unmittelbar durch Hochrechnung des Käuferanteiles auf das in Frage kommende Verbrauchergesamt. Damit ist die Marktobergrenze bestimmt.

- **Der Entscheidungsprozess segmentiert unmittelbar nach Bedarf.**
  Damit ist aber auch unmittelbar die von den Käufern gewünschte Charakteristik für das Produkt gegeben (vgl. Bild 13).

		Personen ⟶		
Einflußgrössen				
↓ Wahlprozess PKW				
▼ Block	Karossentypen			
Block	Grössen- und Leistungsklassen			
Block	Grössen- und Leistungsklasse B Styling			
Block	Grössen- und Leistungsklasse B Motorvarianten			
Block	Grössen- und Leistungsklasse B Fahreigenschaften			
↓ usw.				
Resultatmatrix	⟶	nein	ja	nein

Bild 13: Darstellung der ausgewerteten Prozeßverläufe für die Personen der Erhebung. Unmittelbare Segmentierung von Käufern am Beispiel Automobile (stark vereinfacht).

4. **Wie aus Bild 14 hervorgeht, hat die Möglichkeit künftiger marktorientierter Unternehmensteuerung durch System PAV die zusätzlichen Vorteile:**

- Programmbildung und –ablauf werden durch System PAV zu 'einstufigem', durch Netzplan integrierten wirtschaftlichen Steuerungsablauf.

- Vor Festlegung von Strategie, Produkt und Mittel sind alternativ bekannt: Produktcharakteristiken, Preise, Marktgrößen, sowie Absatz- und Umsatzerwartungen. Forschung und Entwicklung prüfen, ob die Produkte realisierbar sind.

- Die Unternehmensteuerung entscheidet über die Alternative, z.B. nach dem Prinzip der Gewinnoptimierung.

- Mit dieser Entscheidung stehen das Produkt, die Sach- und Finanzmittel fest.

- Der Programmablauf setzt ein mit der gezielten Produktentwicklung, über die Bereitstellung von Personen, Sach- und Finanzmittel zu Fertigungs- und Vertriebsablauf.

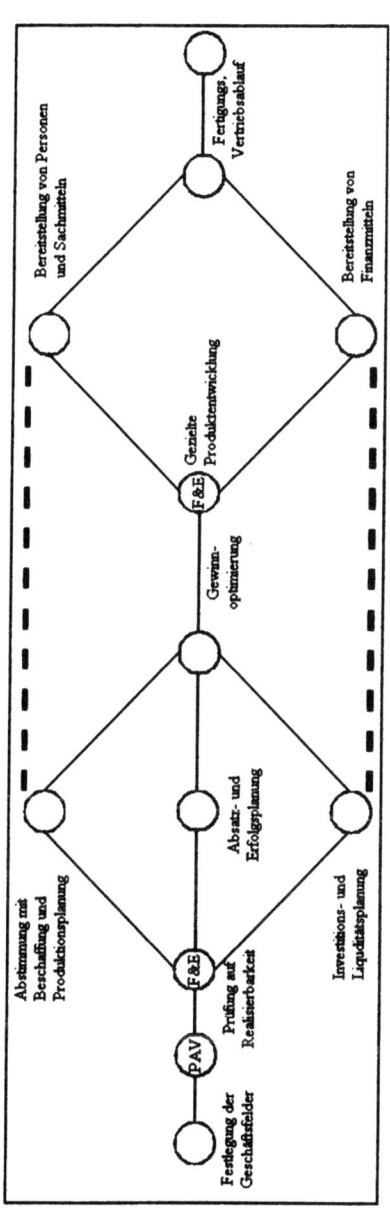

Bild 14: Die Vernetzung der Unternehmensteuerung mit der Verbraucherentscheidung

5.2.1 Zeitvorteile

System PAV verdichtet den gesamten produktbezogenen Steuerungsablauf, je nach Produktgruppe, bis zu 40 % des heute erforderlichen Zeitaufwandes bis Ist angenähert Soll, vgl. Bild 14. Dazu das Beispiel Automobilindustrie bei Einsatz der Modulbauweise:

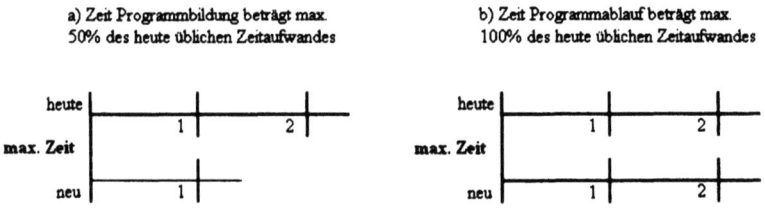

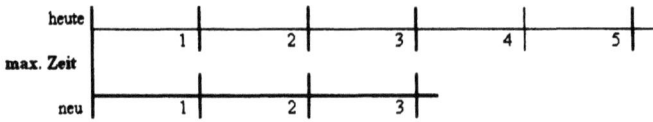

Bild 15: Zeitvorteil für den gesamten projektbezogenen Steuerungsablauf am Beispiel Automobilindustrie

Der zusätzliche Vorteil aus der kumulierenden Wirkung bei dem produktbezogenen Steuerungsablauf (vgl. Bild 15) am Beispiel Automobilindustrie ist in Bild 16 dargestellt.

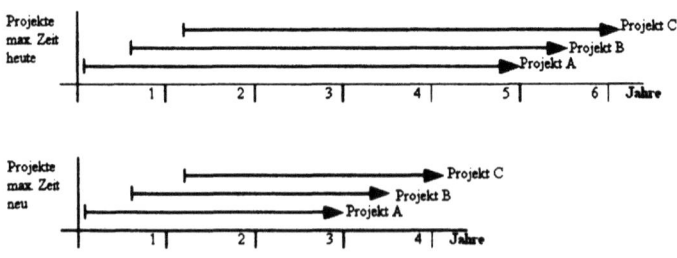

Bild 16: Kumulierende Wirkung durch zeitliches Überlappen der Projekte

5.3 Volkswirtschaftliche Überlegungen

Zu dem Problem der Konjunkturzyklen ergeben sich aus der Steuerung durch System PAV einige mikro- und makroökonomische Überlegungen, die kurz angesprochen werden sollten.

5.3.1 Einzelwirtschaftliche Aspekte

Die Gesamtnutzenfunktion des Verbrauchers aus einem Produkt bzw. einer Dienstleistung ergibt sich – wie in Punkt 5.1.1.6 dargestellt – aus deren Beitrag im G-Feld VzR (vgl. Punkte 2 bis 4). Mit anderen Worten, der Gesamtnutzen resultiert nicht isoliert aus dem Produkt bzw. der Dienstleistung sondern aus deren gesamten Nutzen im G-Feld VzR des Verbrauchers. Dafür bezahlt er den Preis.

Zwischen erreichbaren Gesamtnutzen und Preis, der dafür bezahlt wird, liegt der Entscheidungsprozeß des Verbrauchers. In der 'gesättigten' Volkswirtschaft verfeinert sich der Entscheidungsprozeß des Verbrauchers zusehends. Kartoffel sind nicht gleich Kartoffel, Vollwaschmittel nicht gleich Vollwaschmittel, weil primärer Bedarf wie Hunger und Grundhygiene kaum mehr gegeben sind. Durch den Wettbewerb in der freien Wirtschaft und das schier unübersehbare Angebot differenzieren sich die Eigenschaften von Produkten und Dienstleistungen immer mehr und erfahren durch den Entscheidungsprozeß der Verbraucher ihre Marktobergrenzen. Das gilt sowohl für ganze Produktgruppen und Dienstleistungssparten, wie auch für darin plazierte Produkte und Dienstleistungen.

Wie in Punkt 5.1.1.3 dargestellt, lassen sich die Marktobergrenzen von Produkten und Dienstleistungen nur unter genauer Kenntnis des Entscheidungsprozesses der Verbraucher gezielt verschieben. Zusätzliches Einkommen, das dem Verbraucher aus den Investitionen der Unternehmen zufließt (= Einkommeneffekt durch Investitionen), kann die Marktobergrenzen dann erweitern, wenn Produkte bzw. Dienstleistungen wegen ihres hohen Preises auf der 'Warteliste'- standen.

Die zusätzlichen Einkommen der Verbraucher fließen aber normalerweise wegen der bestehenden Marktobergrenzen meist in neue Produkte und Dienstleistungen, bis deren Marktobergrenzen aufgefüllt sind.

In den seltenen Fällen bahnbrechender Neuerungen, den sogenannten Pionierleistungen, kommt es allerdings zur Aufmischung bestehender Marktobergrenzen, sofern sie von den neuartigen Produkten bzw. Dienstleistungen tangiert werden.

In jedem Fall hat der Verbraucher einen echten Vorteil, wenn bei neuen Produkten und Dienstleistungen seinen Erwartungen entsprochen und er durch die Werbung voll darüber informiert wird. Wie in Punkt 5.1.1.3 besprochen, setzt das eine grundlegende Neubesinnung in der Werbung voraus. Durch reelle Informationen während der Einführungsphase von Produkten und Dienstleistungen am Markt können die Filterung des Verbrauchers (vgl. Punkt 4.2.1.2) zeitlich konzentriert, dessen Geld gespart, Verärgerungen vermieden und die Marktobergrenzen rasch erfaßt werden. Zugleich wird dadurch Kunden-, Produkt- und Markenpflege beim Verbraucher geübt, die sein derzeit oft gestörtes Vertrauen wieder herstellt. Der Verbraucher wird zufriedener Kunde.

Dem steht der Unternehmer gegenüber, dessen Gesamtnutzenfunktion als Unternehmer sich ebenfalls aus dem G-Feld VzR formuliert (vgl. Punkt 2.7). Mit anderen Worten, der Gesamtnutzen resultiert dem Unternehmer nicht isoliert aus seinem Unternehmen sondern aus dem gesamten Nutzen, der ihm aus seinen persönlichen, berufständigen, gesellschaftlichen, politischen Einflüssen usw. als Unternehmer erwächst.

Die ihm auferlegte Funktion in der wachsenden Volkswirtschaft, nämlich zu investieren, ist dabei sicher nicht immer sein Hauptbeweggrund Unternehmer zu sein. Der Wettbewerb in der freien Wirtschaft zwingt ihn dazu. Ja, jeder Unternehmer weiß, das Geschäft läuft nur immer weiter über gute Pflege von Mitarbeitern und Kunden, über Produkt- und Markenpflege und über ordentliche neue Produkte.

Aus diesem fortgesetzten Zwang, Menschen, Produkte und Marken zu pflegen und Neues auf den Markt zu bringen, handelt der Unternehmer. Er investiert dafür und so entsteht Wachstum, das - mikroökonomisch gesehen - für die einzelnen Produktfelder und Produkte immer wieder an Grenzen stößt, die

Marktobergrenzen. Ohne deren Kenntnis ist jede Investition des Unternehmers ein hohes Risiko.

In die 'Investitionsfunktion' des einzelnen Unternehmers sollten daher die Marktobergrenzen für geplante Produkte einbezogen werden. Es mag dem Unternehmer einfach bedeutend sein, auf diese Weise das Risiko der Investitionen durch Einbeziehen der Marktobergrenzen für marktgerechte Produkte und Dienstleistungen für seine Investitionsentscheidungen zu mindern.

Durch Beachtung dieser Möglichkeit, insbesondere seitens der Schlüsselindustrien, ist es denkbar, konjunkturelle Überhitzungen durch Fehlinvestitionen mit der Folge konjunkturell stagnierender Phasen künftig zu mindern.

Es ist interessant, wie einige 'Altmeister' der Volkswirtschaftslehre diese Thematik sahen, wie sie heute immer noch besteht. Nach Galbraith ist das Ziel der Produktionsunternehmen:

- die Erlössicherung und damit die Sicherung eines Mindestgewinnes und der Autonomie für Technostruktur und Investitionen und
- das Wachstum. [66]

Dabei steht jedes Produktionsunternehmen vor der Aufgabe, einerseits den geplanten Erlös und Gewinn aus den Produkten durch einen komplizierten wirtschaftlichen Steuerungsprozeß auf dem Markt zu erzielen. Anderseits hängt das Wachstum der Produktionsunternehmen wesentlich davon ab, wie rasch und bei welcher Sicherheit das Erlös-Soll erreicht wird. An dieser Aussage von Galbraith hat sich bis heute wesentlich nichts verändert.

Demgegenüber ein kleines Beispiel zur System PAV Steuerung. Vor geraumer Zeit ergab ein System PAV Einsatz am Markt folgendes Teilergebnis: Der Verbrauch einer neuen Generation biologisch-enzymatischer Vollwaschmittel ist derart an eine neue Generation Weichmacher zu binden, daß für beide Produkte in der 'alten' Bundesrepublik ein Käufermarkt in der Größe von mindestens 6,8 Millionen Haushalten bei der Marktobergrenze von 7,2 Millionen Haushalten besteht. Das bedeutet, es wird jeder dritte Haushalt in der 'alten' BRD diese beiden Erzeugnisse auf Dauer verwenden. Die für diese neue Gene-

---

66 vgl. Galbraith (1968), S. 192 ff

ration Vollwaschmittel und Weichmacher erforderlichen Produkteigenschaften sind durch die Untersuchung genau bekannt (vgl. Punkt 5.1.1 ff). Möglicher Endverkaufspreis für das Vollwaschmittel war DM 9,95 pro 3kg. Mit Ausnahme der Umstellung auf Euro hat sich an diesen Daten bisher nichts geändert.

Mit derartigen Daten durch das PAV System verändern sich die Möglichkeiten für die Produktionsunternehmen grundsätzlich. Sowohl bei dem Waschmittelhersteller als auch in der vorgelagerten chemischen Industrie können damit über bekannte Durchschnittsverbrauche pro Haushalt und genaue Kenntnis der Produkteigenschaften die gezielte Forschung und Entwicklung einsetzen. Selbst für die Investitionsgüterindustrie sind die erwarteten Anlagekapazitäten bekannt, während in deren nachgelagerten Produktionsunternehmen die Vor- und Endprodukte entwickelt werden.

Einzelwirtschaftlich bedeutet das, System PAV zeigt präzise Käufermärkte und die dafür erzielbaren Preise auf, mit welchen die Verbraucher den individuellen Gesamtnutzen aus den Produkteigenschaften honorieren werden. Dadurch sind nicht nur für die Konsumgüterindustrie sondern auch für die vorgelagerten Industrien Erlöse und Gewinne bei hoher Sicherheit regelrecht zu planen und durchzusetzen.

Wenn bisher die Sicherung eines Mindestgewinnes zum Ziel der Produktionsunternehmen erklärt ist, hat das seinen Grund darin, daß derzeit weder der maximale Erlös noch der maximale Gewinn bekannt oder gar zu planen sind.[67] Es fehlt bisher ganz einfach die Sicherheit darüber, welchen Absatz und Preis die Produkte bringen werden und was an Produktpräferenzen und an dem Preis sinnvoll getan werden kann, um den Produktgewinn zu maximieren oder doch aus bestehenden Kapazitäten zu optimieren, und das womöglich ab der ersten Produktvertriebsperiode.

Bei Steuerung durch System PAV kommt hinzu, es wird die Konsumgüterindustrie rechtzeitig mit Vorprodukten und Technologie versorgt und die Entscheidungen für bestimmte Marktalternativen verzögern sich nicht von dieser Seite.

Das bedeutet aber, die Steuerung durch System PAV bewirkt drei erhebliche Effekte, die auf das raschere Wachstum von Konsumgüter- und vorgelagerter

---

67 vgl. Galbraith (1968), S. 100

Industrie wirken:

- Die technologische und Vorproduktentwicklung in der vorgelagerten Industrie ist durch deren Marktorientierung an der Konsumgüterindustrie gleichzuschalten. Umgekehrt kann durch System PAV Einsatz in der vorgelagerten Indurstrie die Voraussetzung für Abnehmer und Produktentwicklung in der Konsumgüterindustrie geschaffen werden.
- Wie dargestellt (vgl. Punkt 5.2.1), liegt der Zeiteffekt für die einzelnen Projekte in der Konsumgüterindustrie bei 40 - 60 % des bisherigen Zeitaufwandes, je nach zugehörenden technologischen Entwicklungen.
- Insgesamt wirken diese beiden Zeiteffekte auf rascheres Wachstum und Autonomie der Produktionsunternehmen in vorgelagerter und Konsumgüterindustrie. Neben dem bekannten Kapazitätseffekt ist dadurch ein realer Wachstumseffekt durch zeitlich konzentrierte Investitionen gegeben.

5.3.2 Einige makroökonomischen Aspekte

Erich Preiser meint zu dem Zusammenhang von Investieren und Sparen, es kommt offenbar darauf an, 'daß die Investition, wiewohl unabhängig vom Sparen, diesem gerade die Waage hält.' [68] Das wäre bisher reiner Zufall, denn die Entscheidung über Investition trifft der Unternehmer, während die Entscheidung darüber, wieviel vom Einkommen verbraucht und gespart wird bei den Haushalten liegt. [69] Hier liegt offenbar das makroökonomische Hauptproblem.

Bezüglich der auftretenden Konjunkturzyklen stellt Samuelson fest, seit Einsetzen des Industriezeitalters kommt es besonders auf dem Sektor der dauerhaften oder Kapitalgüter zu Konjunkturzyklen. [70] Und er ist der Meinung, dabei scheinen die Konsumbewegungen 'eher die Wirkung als die Ursache des Konjunkturzyklus zu sein, während es einen guten Grund gibt, anzunehmen, daß Bewegungen der dauerhaften Güter Schlüsselursachen in einem tieferen Sinne darstellen.' [71]

---

68 vgl. Preiser (1961), S. 105
69 vgl. Preiser (1961), S. 110
70 vgl. Samuelson (1952), S. 456 ff
71 vgl. Samuelson (1952), S. 464

Galbraith stellt Ende der 1960er Jahre für die moderne Volkswirtschaftslehre als beachtet hin, daß das industrielle Angebot zunehmend von weniger und stets größer werdenden Produktionsunternehmen gestellt wird. [72] Und er stellt fest, um die vorrangigen Ziele sichere Erlösgrundlage und maximale Wachstumsrate durchzusetzen, aus denen man die Mittel für erforderliche Investitionen schöpfen kann, werden Preise, Kosten, Produktion und die sich hieraus ergebenden Erlöse nicht vom Markt sondern von den Produktionsunternehmen festgelegt. Durch das Management der gezielten Nachfrage wird dazu das Kaufverhalten der Verbraucher manipuliert. [73]

Der damalige Präsident von General Motors, Cole, mahnte aber 1971 an: 'Ein größerer Professionalismus im Marketing ist eine unbedingte Notwendigkeit. Marketing darf nicht nur als das Endergebnis unserer Bemühungen angesehen werden, sondern - und das ist noch wichtiger - als ein kritisches Element in der ursprünglichen Planung von Produkt-Programmen. ...Wir brauchen bessere Verfahren für die Ermittlung dessen, was der Verbraucher will. Dies bezieht sich nicht notwendigerweise auf das, was er kauft, sondern auch auf das, was er gekauft haben könnte, wenn es auf dem Markt gewesen wäre.' [74]

Tatsächlich werden bis heute - trotz des Managements der gezielten Nachfrage und vermeintlicher Manipulation der Verbraucher - Investitionen für Produkte getroffen, die bis zu 80 % Flops sind und 50 % der milliardenschweren Werbeausgaben weiß man 'zum Fenster hinausgeworfen' (vgl. Punkt 5.1.1.ff). Das bedeutet, die im Planungsprozeß angezielte Manipulation der Verbraucher, was deren Kaufverhalten betrifft, gelingt in den meisten Fällen nicht oder nicht in erwartetem Maße. Einzelwirtschaftlich scheint das Kernproblem darin zu liegen: Die seit Jahrzehnten gemachten Ansätze, um die Größe von Produktmärkten bei hoher Sicherheit im voraus nach deren Kaufverhalten zu ermitteln, blieben bisher 'stecken'. Bei hohem Sicherheitsgrad im voraus Käufermärkte nach Absatz und Erlöserwartungen für Produkte zu bestimmen und die Investitionen dafür optimal festzulegen, war bisher nicht möglich. Die vermeintliche Manipulation der Verbraucher sollte aus diesen Gründen für gescheitert erklärt werden.

---

72 vgl. Galbraith (1968), S. 92 f
73 vgl. Galbraith (1968), S. 130, 199, 223 ff
74 vgl. Samuelson (1952), S. 456 ff

Gesamtwirtschaftlich betrachtet, besteht zwar vorwiegend noch die Meinung, es komme auf die Investition insgesamt an, die von den Produktionsunternehmen getätigt werde. Der Blick ist dabei gerichtet auf die Gesamtnachfrage, den Einkommenseffekt der Investitionsausgaben in der Beschäftigungstheorie und den Kapazitätseffekt als dem anderen Aspekt in der dynamischen Wachstumstheorie. [75]

Wie Galbraith aber feststellte, werden in den führenden Industriestaaten in zunehmendem Anteil die Produktionsgüter von verhältnismäßig wenigen Wirtschaftsgiganten angeboten. Wir nähern uns rasch der Situation - und haben davon unsere Kostproben bekommen - daß die Investitionen dieser riesigen Produktionsunternehmen Höhen erreichen, die gesamtwirtschaftlich problematisch werden können, wenn sie die Erlöse derartiger Unternehmen nicht oder nicht in dem vorgesehenen Maße nachziehen. Stagnationen können heute bereits von einzelnen Unternehmen der Schlüsselindustrie eingeleitet werden. Investitionen haben dann zwar zunächst die bekannten Effekte auf Einkommen und Kapazitäten, zeitigen aber in der Folge den gesamtwirtschaftlichen Rückstau, wenn derartige Unternehmen vor Absatzschwierigkeiten stehen. Die Rettungsanker der Global-Player liegen dann für eine bestimmte Zeit im Ausland, aber in Kürze werden global die gleichen Probleme auftreten. Beobachtet man in diesem Zusammenhang den Konjunkturzyklus, so werden ohne zuverläßige und direkte Kontrolle der wirtschaftlichen Steuerung am Endverbraucher folgende Symptome sich mehren:

Gesamtwirtschaftliche Stagnationen werden ursächlich die Erlös-/Ertragsschwierigkeiten eines oder relativ weniger Produktionsriesen ausdrücken.

Der zweischneidige Beschleunigungseffekt wird von einzelnen oder wenigen dieser Produktionsunternehmen ausgelöst werden. Wenn deren Umsätze sich auf und nieder bewegen, intensiviert das Beschleunigungsprinzip ihre Schwankungen und es regt Neuinvestitionen beim Aufschwung an, wie es in gleichem Umfang eine Desinvestition im Abschwung hervorruft. [76]

Es kommt daher in Zukunft mehr denn je darauf an, die Investitionen - besonders seitens der Produktionsriesen - so einzusetzen, daß sie möglichst rasch zu

---
75 vgl. Preiser (1961), S. 116
76 vgl. Samuelson (1952), S. 471

Produkterlösen werden, neben den dadurch ausgelösten Effekten auf Einkommen, Kapazitäten und Wachstum. Werden die Investitionen mit den Erlöserwartungen abgestimmt - wie das durch System PAV möglich ist - setzt dies voraus, den Verbraucher nicht mehr 'manipulieren' zu wollen, sondern als ernst zu nehmenden Geschäftspartner zu akzeptieren und sich dementsprechend ihm gegenüber zu verhalten. Investitionen und Verbrauch wären dann ausgeglichen.

Der Ruf nach antizyklischer Ausgabenpolitik des Staates - der im globalen Spiel wenig greift - wird zu dessen Entlastung nicht mehr erforderlich. Die Unternehmen schaffen auch diesbezüglich die stets angestrebte Autonomie ihres Handelns.

6. Zusammenfassung

Die Darstellung der menschlichen Entscheidung und im Besonderen der Verbraucherentscheidung sowie deren Meßbarkeit auf theoretischer Grundlage eröffnet im Ansatz der Konsumgüterindustrie aber auch deren vorgelagerten Industrieen eine neue Generation der Unternehmensteuerung.

Bei zeitlichen Einspareffekten von 40 bis 60 Prozent resultieren aus der unmittelbaren Vernetzung der Unternehmensteuerung mit der Verbraucherentscheidung kumulative Effekte für die Innovationsfolge von Produkten und zusätzliches Wachstum der Gesamtwirtschaft. Zudem werden konjunkturell unerwünschte Ausschläge weitgehend vermeidbar, weil Investitionen mit Verbraucherentscheidungen abgestimmt sind.

Literaturverzeichnis

Beckett, Samuel	Endspiel, Suhrkamp Verlag, Frankfurt/M. 1957
Bieri, Peter	Das Handwerk der Freiheit, C. Hanser Verlag, München - Wien 2001
Buddenbrock, Wolfgang v.	Vergleichende Physiologie, Bd. I, Sinnesphysiologie, Bd. II, Nervenphysiologie, Verlag Birkhäuser, Basel 1952
Einstein, Albert	Grundzüge der Relativitätstheorie, 1. Auflage, zugl. 3. erweiterte Auflage, Verlag Fr. Vieweg & Sohn, Braunschweig 1956
Festinger, L.	A theory of cognitive dissonance, Stanford University Press, Stanford 1957
Galbraith, J.K.	Die moderne Industriegesellschaft, Droemersche Verlagsanstalt Th. Knaur Nachf., München-Zürich 1968
Hofstätter, Peter R.	Gruppendynamik, Rowohlt-Verlag, Hamburg 1957
Jaspers, Karl	Einführung in die Philosophie, Verlag Piper & Co., München 1953
Lersch, Philipp	Aufbau der Person, 7. Auflage, Verlag J.A. Barth, München 1956
Mayer, Hans	Werbepsychologie, 2. überarbeitete Auflage, Schäffer-Poeschel Verlag, Stuttgart 1993
Meyer, Anton und Davidson J. Hugh,	Offensives Marketing, Haufe Mediengruppe Freiburg-Berlin-München 2001
Nitzsch, Rüdiger	Entscheidungslehre - Der Weg zur besseren Entscheidung, 3. Aufl., Vlg. der Augustiner-Buchhandlung, Aachen 1996

Osgood C.E. und Luria Z.	A Blind Analysis of a case of Multiple Personality using the Semantic Differential, in: The Journal of Abnormal and Social Psychology, Hrsg: The American Psychological Association, Washington, 49. Jg., 1954
Preiser, Erich	Nationalökonomie heute, 3. Aufl., Verlag C.H.Beck, München 1961
Samuelson, P.A.	Volkswirtschaftslehre, Bund-Verlag GmbH, Köln 1952
Sartre, Jean Paul	Geschlossene Gesellschaft, Verlag Gallimard, Paris 1947
Schwarz, Heinrich	Das psychische raumzeitliche Kontinuum, Deutscher Universitäts Verlag, Wiesbaden 2000
Selye, H.	Stress of life, Verlag Mc Graw, New York 1956
Singer, Wolf	Bewußtsein und freier Wille, in: Spektrum der Wissenschaft Dossier 2/2002, Spektrum der Wissenschaft Verlagsges. mbH, Heidelberg
Skinner, B. F.	Behavior of organisms, erneuerte Auflage, Verlag Appleton-Century-Crofts, New York 1966
Specht, Uwe	Globaler Wettbewerb: Geschwindigkeit ist alles – wie Marketing mit Innovationen und Dynamik Wachstum schafft!, Vortrag in 25. Münchener Marketing-Symposion 1999
Störig H.J.	Kleine Weltgeschichte der Philosophie, 2. Auflage, Verlag W. Kohlhammer, Stuttgart 1952
Tennessee, Williams	Die Glasmenagerie, Verlag Fischer, Frankfurt/M und Hamburg 1957

Deutscher Universitäts-Verlag
Ihr Weg in die Wissenschaft

Der Deutsche Universitäts-Verlag ist ein Unternehmen der GWV Fachverlage, zu denen auch der VS Verlag für Sozialwissenschaften gehört. Wir publizieren ein umfangreiches sozial- und geisteswissenschaftliches Monografien-Programm aus folgenden Fachgebieten:

- ✓ Soziologie
- ✓ Politikwissenschaft
- ✓ Kommunikationswissenschaft
- ✓ Literatur- und Sprachwissenschaft
- ✓ Psychologie
- ✓ Kognitions- und Bildwissenschaft

Für unseren Programmschwerpunkt **Länder- und Regionalstudien** suchen wir ausgezeichnete Arbeiten, die sich mit politischen, sozialen und wirtschaftlichen Entwicklungen einzelner Länder bzw. einzelner Regionen befassen.

Für unseren Programmschwerpunkt **anwendungsorientierte Kulturwissenschaft** suchen wir hochwertige Arbeiten, die vor allem die Wechselwirkungen zwischen Kultur und Wirtschaft sowie ihre Auswirkungen auf gesamtgesellschaftliche Prozesse erforschen.

In enger Kooperation mit dem VS Verlag für Sozialwissenschaften wird unser Programm kontinuierlich ausgebaut und um aktuelle Forschungsarbeiten erweitert. Dabei wollen wir vor allem jüngeren Wissenschaftlern ein Forum bieten, ihre Forschungsergebnisse der interessierten Fachöffentlichkeit vorzustellen. Unser Verlagsprogramm steht solchen Arbeiten offen, deren Qualität durch eine sehr gute Note ausgewiesen ist. Jedes Manuskript wird vom Verlag zusätzlich auf seine Vermarktungschancen hin geprüft.

Durch die umfassenden Vertriebs- und Marketingaktivitäten einer großen Verlagsgruppe erreichen wir die breite Information aller Fachinstitute, -bibliotheken und -zeitschriften. Den Autoren bieten wir dabei attraktive Konditionen, die jeweils individuell vertraglich vereinbart werden.

Besuchen Sie unsere Homepage: *www.duv.de*

Deutscher Universitäts-Verlag
Abraham-Lincoln-Str. 46
D-65189 Wiesbaden

MIX
Papier aus verantwortungsvollen Quellen
Paper from responsible sources
FSC® C105338

If you have any concerns about our products,
you can contact us on
ProductSafety@springernature.com

In case Publisher is established outside the EU,
the EU authorized representative is:
Springer Nature Customer Service Center GmbH
Europaplatz 3, 69115 Heidelberg, Germany

Printed by Libri Plureos GmbH
in Hamburg, Germany